Vincent Amiel

# MES PETITS PLATS POUR BÉBÉ ET TOUTE LA FAMILLE

## CUISINEZ 1 SEUL PLAT ET ADAPTEZ-LE À L'ÂGE DE VOTRE ENFANT

Photographies : **Claire Payen**
Stylisme : **Vincent Amiel**
Introduction et conseils : **Catherine Bourron-Normand**

SOLAR EDITIONS

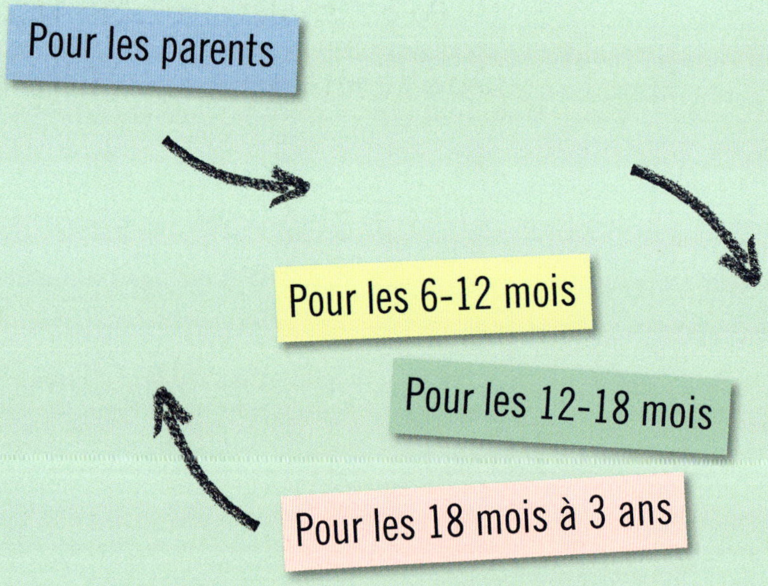
Pour les parents
Pour les 6-12 mois
Pour les 12-18 mois
Pour les 18 mois à 3 ans

# SOMMAIRE

Bien que je sois passionné de cuisine et de découvertes culinaires, ma vie de jeune papa m'a forcé à envisager la cuisine différemment. Les bébés n'ont pas les mêmes besoins alimentaires que les adultes (cuisine sans sel, viande très cuite, difficulté à supporter les aliments riches en soufre, etc.) mais à force de pratique j'ai compris qu'une chose nous rapprochait : quand on lui propose des produits frais et cuisinés avec amour, bébé est presque à tous les coups satisfait.
Il vaut mieux privilégier les menus « faits maison », cela favorise des plats riches en goût et en apports nutritionnels. C'est la raison pour laquelle je vous propose dans ce livre des recettes qui plaisent à toute la famille. Cuisiner en une fois pour tout le monde évite de devoir faire la cuisine uniquement pour bébé, vous permettant à chaque repas de lui proposer le meilleur tout en évitant les plats industriels. Dans mes recettes, je vous propose de préparer tous les ingrédients, puis d'en prélever une partie pour l'enfant avant de finaliser l'assaisonnement adulte, afin de gagner du temps.
Pensez à diversifier les recettes pour profiter des bienfaits de chaque ingrédient et éviter ainsi que votre enfant ne se lasse. Si bébé ne veut pas manger son repas, essayez de le lui mixer longuement. Parfois son refus vient de la consistance du plat. Proposez des herbes aromatiques, différentes couleurs de légumes, cela stimulera son goût, sa curiosité et donc son appétit. Laissez-le attraper, patouiller, toucher aux ingrédients pour en découvrir les textures et les couleurs. Privilégiez des produits issus de l'agriculture bio ou raisonnée. Certes, les produits bio sont un peu plus onéreux, mais n'oubliez pas que les tout-petits sont ce que nous avons de plus cher et sont aussi les plus vulnérables, notamment au niveau de l'alimentation.
Et d'un point de vue pratique, n'hésitez pas à réaliser des recettes en avance et à les congeler. Avoir quelques plats tout prêts au congélateur est toujours bienvenu, surtout en cas de pénurie de produits frais dans votre réfrigérateur. Réserver quelques purées ou quelques légumes précuits qu'il ne vous restera plus qu'à accommoder vous fera gagner du temps au quotidien pour jouer, lire ou donner le bain à votre bébé.
Grâce à ces recettes et astuces et avec l'aide de Catherine Bourron-Normand, diététicienne spécialisée en pédiatrie, je vous souhaite de cuisiner pour votre enfant avec le même plaisir que moi, afin que les moments passés ensemble à table deviennent des souvenirs heureux !

VINCENT
**AMIEL**

# INTRODUCTION

Par **Catherine Bourron-Normand**, diététicienne spécialisée en pédiatrie

L'arrivée de bébé au sein d'une famille modifie le rythme de vie et amène à se poser beaucoup de questions autour de ce qui est le mieux pour son enfant, puis à se demander comment mettre cela en pratique. L'alimentation est au cœur de ce sujet. Ce livre se propose de répondre à une partie des questionnements sur le choix des aliments et l'organisation des repas, de donner des conseils autour de la nutrition du petit enfant ainsi qu'un choix de recettes qui peuvent s'adapter au reste de la famille.

Jusqu'à 4 mois révolus, les repas de bébé sont exclusivement constitués de lait. Il peut s'agir du lait maternel ou d'une alimentation au lait pour nourrisson. Entre 4 et 6 mois, l'introduction de nouveaux aliments va être possible et recommandée, pour une tolérance optimale.

Lorsque la mère le peut et le veut, l'OMS recommande un allaitement maternel exclusif jusqu'à 6 mois. Cela permet d'aborder la diversification sans pression et au rythme de l'enfant. Pourquoi cette différence ? L'OMS prend en considération l'alimentatin des bébés dans le monde entier, d'où une grande diversité de besoins en fonction des différentes cultures. Par ailleurs, il y a dans le lait de la mère des particules venues des aliments consommés par cette dernière, ce qui peut jouer le rôle d'un début de diversification.

## Diversification

C'est le moment où votre enfant va découvrir de nouvelles saveurs, de nouvelles textures ainsi qu'une nouvelle façon de s'alimenter. C'est le pédiatre qui commencera à vous en parler.

La base de l'alimentation du nourrisson, même lorsque la diversification a débuté, reste le lait, qu'il s'agisse de lait maternel ou de lait infantile.

Par ailleurs, pour l'introduction des plats pris à la cuillère, il est important de tenir compte du développement de votre enfant. Il n'y a **pas d'urgence** à faire évoluer la texture de ses repas. Il arrive parfois que certains enfants apprécient plus longtemps le biberon. Au contraire, il peut arriver que les repas à la cuillère soient mis en place de façon plus rapide.

# La période clé de 4 à 6 mois révolus

Tous les spécialistes de la nutrition de l'enfant s'accordent à dire que c'est le moment idéal pour l'introduction de nouveaux aliments (voir tableau du carnet de santé).

En pratique, les parents commenceront à proposer 1 cuillerée à café de légumes à un repas, puis, dans un deuxième temps, 1 cuillerée à café de compote de fruits cuits. Quand bébé sera en mesure de prendre une plus grande quantité en légumes, alors on introduira un peu de pomme de terre, puis 1 cuillerée à café d'huile ou de beurre dans la purée et on terminera avec l'introduction de la viande, du poisson et de l'œuf. Parallèlement, on peut introduire 1 cuillerée à café de céréales dans le biberon du matin (voir tableau page 9).

Sur la question du sel, la première année de vie, il est préférable de ne pas cuisiner avec du sel ou éventuellement de cuire les légumes dans de l'eau salée. La limitation du sel est liée à l'immaturité rénale de votre enfant. Au cours de la deuxième et de la troisième année, salez modérément et surtout ne laissez pas la salière sur la table, ce qui pourrait tenter toute la famille. Soyez vigilant aussi sur les légumes en conserve, source de sel.

Surveillance médicale

## REPÈRES D'INTRODUCTION DES ALIMENTS CHEZ L'ENFANT DE 0 À 3 ANS[1]

D'après les recommandations du Programme national nutrition santé (PNNS).

Pas de consommation — Consommation possible — Consommation recommandée

| | 1er mois | 2e mois | 3e mois | 4e mois | 5e mois | 6e mois | 7e mois | 8e mois | 9e mois | 10e mois | 11e mois | 12e mois | 2e année | 3e année |
|---|---|---|---|---|---|---|---|---|---|---|---|---|---|---|
| Lait | Lait maternel exclusif ou | | | | | | Lait maternel ou | | | | | | | |
| | « Lait 1er âge » exclusif[2] | | | | « Lait 1er âge » ou « Lait 2e âge »[2] | | « Lait 2e âge » 500 ml/j[2] | | | | | | « Lait 2e âge » ou « de croissance »[2] (ou *lait de vache* **entier**) | |
| Produits laitiers[3] | | | | | | | Yaourt | Yaourt ou fromage blanc nature → Fromages | | | | | | |
| Fruits | | | | | Tous : très mûrs | | Très mûrs ou cuits, mixés ; texture homogène, lisse → Crus, écrasés[4] | | | | | | En morceaux, à croquer[4] | |
| Légumes | | | | | Tous : purée lisse | | → Petits morceaux[4] | | | | | | Écrasés, en morceaux[4] | |
| Pommes de terre | | | | | Purée | | Lisse → Petits morceaux[4] | | | | | | | |
| Légumes secs | | | | | | | | | | | | | 15-18 mois : en purée[4] | |
| Farines infantiles (céréales) | | | | | | | | | | | | | | |
| Pain, produits céréaliers | | | | | | | | Pain, pâtes fines, semoule, riz | | | | | | |
| Viandes[5], poissons, très cuits | | | | | | | Tous, mixés et très cuits[4] : 10 g/j = 2 cuillères à café | Hachés et très cuits : 20 g/j = 4 cuillères à café | | | | | 30 g/j = 6 cuillères à café très cuits | |
| Œufs | | | | | | | 1/4 (dur) | 1/3 (dur) | | | | | 1/2 | |
| Matières grasses ajoutées | | | | | | | Huile (olive, colza, etc.) ou beurre (1 cuillère à café d'huile ou 1 noisette de beurre au repas) | | | | | | | |
| Boissons | Eau pure : proposer à volonté | | | | | | Eau pure | | | | | | | |
| Sel | | | | | | | | | | | | | Peu pendant la cuisson ; ne pas resaler à table | |
| Produits sucrés[6] | | | | | | | À limiter | | | | | | | |

1. S'il existe dans votre famille un risque d'allergie, parlez-en à votre médecin avant toute diversification.
2. Appellations réglementaires : préparation pour nourrissons, préparation de suite et aliment lacté destiné aux enfants en bas âge.
3. Les fromages et produits laitiers au lait cru sont déconseillés.
4. À adapter en fonction de la capacité de mastication, de déglutition et de la tolérance digestive de l'enfant.
5. Limitez les charcuteries, sauf le jambon blanc.
6. Biscuits, bonbons, crèmes desserts, desserts lactés, chocolats, boissons sucrées, confitures.

30 31

Pages extraites du carnet de santé

**Recommandations officielles du carnet de santé**

## Enfant de 6 mois

**Aliments à introduire :**

- **Viande, poisson**
- **Œufs**

**MATIN**

- une tétée
- ou un biberon de 180 à 210 ml de lait de suite avec 2 cuillerées à café de céréales

**MIDI**

- une tétée
- ou un biberon de 150 ml de lait de suite
- 50 g de purée de légumes + pommes de terre
- une noisette de beurre ou une cuillerée à café d'huile d'olive

**GOÛTER**

- une tétée
- ou un biberon de 180 ml lait pour nourrison
- 50 g de fruits mixés + 2 cuillerées à café de céréales si allaitement

**SOIR**

- une tétée ou un biberon comme celui du matin

**Commentaires :** les parents introduiront 1 cuillerée à café de viande mixée différente chaque jour, puis 1 cuillerée à café de poisson mixé (attention aux arêtes), puis un quart de jaune d'œuf dur mixé.

Ainsi la plupart des bébés mangent une grande variété d'aliments à la fin de leurs 6 mois.

# Quelles textures en fonction de l'âge ?

Jusqu'à 4 mois, un bébé ne peut prendre que des textures liquides, en tétant. Lors de la tétée ou lors du biberon, le bébé coordonne parfaitement la succion puis la déglutition, de façon réflexe. Dans le courant du 5e mois, un bébé commence à pouvoir manger à la cuillère de petites quantités d'aliments autres que le lait. Certains enfants cependant conservent plus longtemps le **réflexe d'extrusion**. Ce réflexe se caractérise par le fait de repousser les aliments avec la langue. Il est présent en moyenne jusqu'à l'âge de 5 ou 6 mois. Lorsque bébé est nourri à la cuillère, il doit apprendre à coordonner la mastication avec le fait d'envoyer les aliments vers la gorge. Certains enfants ont besoin pour cela d'un peu plus de temps. Le parent peut aider l'enfant avec un réflexe d'extrusion à s'entraîner en positionnant la cuillère bien au milieu de la langue. Il va de cette façon apprendre à bien positionner sa langue pour manger. À ce moment, il est important que votre enfant soit bien assis dans sa chaise haute, condition nécessaire pour améliorer ses capacités physiologiques en pleine évolution.

**La progression des textures**

De même, au début, les textures fluides remportent un plus grand succès que les textures très épaisses. L'évolution des textures des purées permettra d'apprendre progressivement à l'enfant à gérer des morceaux, à faire voyager l'aliment avec sa langue dans sa bouche. Votre enfant sera ainsi prêt à accepter des morceaux de textures différentes.

Vers 10 mois, votre enfant maîtrisera de mieux en mieux la mastication, même si toutes ses dents ne sont pas sorties. À cet âge, il va accepter une purée plus épaisse et il pourra, aux alentours d'un an, accepter de petits morceaux, tels que viande mixée grossièrement, petites pâtes à potage bien cuites, riz bien cuit ou légumes fondants grâce à une cuisson plus longue, semoule fine. Votre enfant a besoin de reconnaître les textures et cela se passe mieux lorsque vous séparez les aliments mixés et les petits morceaux.

Avec l'évolution des textures, votre enfant va apprendre l'autonomie en prenant seul les aliments, puis en les portant à la bouche. Il y aura ensuite une autre étape : manger seul à la cuillère. Pour favoriser ce développement, lorsque bébé se met assis seul, vous pouvez proposer un croûton de pain ou un biscuit adapté, sous surveillance constante d'un adulte. Rassurez-vous, le plus souvent, si votre enfant met un trop gros morceau dans la bouche, il a le réflexe de « vomir » pour rejeter l'aliment.

Le passage à l'autonomie implique également que votre enfant touche les aliments pour mieux les apprivoiser. L'exemple type est le fait que bébé est en mesure d'attraper de petits bâtonnets de poire bien mûre et de les porter à la bouche. C'est à ce moment qu'il est important d'accepter que bébé se salisse.
Il existe des assiettes pour bébé, très pratiques, qui se ventousent sur le plateau de la chaise haute. Soyez rassuré, la majorité des enfants acceptent les morceaux entre 15 et 18 mois.

Entre 18 mois et 3 ans, votre enfant pourra découvrir et même apprécier toutes les textures, comme celles de la viande grillée, des gratins, des crudités, des tartes, des biscottes, etc.

Aujourd'hui, il existe d'autres façons de proposer une diversification alimentaire. Parmi ces méthodes, on trouve la « DME », la diversification menée par l'enfant.

Elle ne peut pas être réalisée tant que l'enfant ne se tient pas assis tout seul. Cette méthode demande un peu de temps au début pour se mettre en place, afin d'adapter les recettes. Pour l'instant, elle n'est pas complètement validée par les professionnels de santé et de la petite enfance. Vous pouvez néanmoins vous en inspirer pour des enfants plus grands, vers 12 mois.

Pour toutes ces raisons, nous avons identifié trois tranches d'âge pour lesquelles nous proposons des quantités et des textures adaptées : de **6 à 12 mois**, de **12 à 18 mois** et de **18 mois à 3 ans**. En dessous de 6 mois, vous pourrez, en concertation avec le pédiatre, faire découvrir des légumes au bébé, mais l'essentiel de son repas restera le lait. Certains ingrédients ne sont pas adaptés à certaines tranches d'âge et dans ce cas, il est déconseillé de proposer le plat. Vous pourrez proposer à bébé une purée de légumes de saison. Par ailleurs, les quantités sont indicatives et sont à adapter en fonction de l'appétit de votre enfant.

# Notions du goût

La découverte des différentes saveurs des aliments commence pour votre enfant pendant la grossesse. Ensuite, il y aura l'allaitement maternel ou artificiel, puis la diversification et la découverte de différents plats. Plus votre enfant est habitué à manger varié, plus vous augmentez la possibilité pour lui d'être audacieux dans ses choix. Plusieurs pistes sont envisageables en fonction de l'âge de votre enfant.

Sur la période de la diversification de 4 à 6 mois, le choix des aliments sera dicté par les limites physiologiques de la digestion. Les aliments seront toujours cuits et épluchés. Par exemple, vous pouvez commencer à proposer des légumes peu fibreux, avec peu de goût, comme courgette, haricot vert, carotte, potiron, blanc de poireau, betterave, puis proposer des légumes à goût fort comme le chou, le panais, en fonction de la tolérance digestive et gustative de votre enfant. Avec la même idée, les légumineuses ne seront pas proposées avant l'âge de 15 mois.

N'hésitez pas à utiliser des herbes aromatiques ou un peu d'ail ou d'oignon pour parfumer l'eau de cuisson des légumes. À partir de la deuxième année, vous pouvez utiliser un peu d'épices, comme la cannelle, la muscade, le curcuma, le curry, le poivre, avec parcimonie, en fonction de votre culture familiale.

Le goût est un sens qui évolue, qui bouge, qui demande à être stimulé.

Votre enfant sera plus enclin à goûter si vous aussi vous mangez varié, si vous partagez certains repas ensemble. Les spécialistes du goût insistent sur le fait de reproposer régulièrement un aliment qui n'est pas apprécié la première fois.

# Focus sur l'équilibre alimentaire chez le petit enfant

Le petit enfant a des besoins spécifiques liés à sa croissance. La base de son alimentation reste le lait infantile jusqu'à 3 ans. De même, les matières grasses comme les différentes huiles, le beurre, la crème fraîche sont indispensables pour sa croissance ainsi que les féculents (pommes de terre, patate douce, pâtes, riz, semoule, tapioca, etc.).

Les légumes sont proposés pour varier les goûts, les textures et pour apporter des fibres, des minéraux et des vitamines. Les fruits ont les mêmes caractéristiques. Pensez à bien laver les légumes et les fruits avant et après l'épluchage, surtout s'ils sont terreux.

La quantité de viande, poisson ou œuf sera assez faible, comme le montrent les recettes de l'ouvrage.

D'une façon générale, les quantités nécessaires à la croissance sont bien inférieures à celles d'un adulte (voir les proposition en bas de chaque recette).

Le sucre sera proposé avec modération et il n'est pas utile de le diaboliser. N'hésitez pas à mettre un peu de sucre dans une compote de fruits acides ou dans un laitage nature, ce qui aide souvent votre enfant à mieux les apprécier.

Quant aux produits tout prêts à destination des adultes – des aliments dont on maîtrise mal la composition –, vous comprendrez aisément qu'ils ne sont pas adaptés aux petits enfants, car souvent salés. Si vous avez besoin de gagner du temps, vous pouvez utiliser des produits surgelés, tels que légumes, pommes de terre en purée, fruits, viande ou poisson, tous exclusivement nature. Il est possible également de congeler dans des bacs à glaçons des préparations maison, par exemple de la purée de pommes de terre ou d'autres légumes. Dans ce cas, cuisinez-les en plus grandes quantités (voir astuces en page 16).

# Choix des aliments

La fragilité et l'immaturité de l'organisme de votre bébé justifient de faire un choix ciblé des aliments, surtout au cours de la première année de vie. Le choix le plus sécurisé pour la diversification est celui des produits infantiles. En effet, ces produits sont encadrés par une règlementation sévère qui impose aux fabricants des normes sur les taux de nitrates et de pesticides proches de zéro. Mais vous pouvez avoir envie de cuisiner pour votre enfant et dans ce cas, il y a quelques règles pour limiter les substances non souhaitables.

Règle numéro 1 : lavez les légumes et les fruits avant épluchage, puis épluchez-les et lavez-les de nouveau.

Règle numéro 2 : variez le type de légumes. Par exemple, les épinards et les carottes, du fait de leur biologie, sont plus riches en nitrates et il ne faut pas en abuser.

Par ailleurs, que penser des aliments bio pour bébé ? Il est difficile de vous donner des éléments objectifs en raison du principe même du bio, à savoir cultiver ou faire un élevage qui n'utilise pas de pesticides, ni d'engrais chimique, ni d'OGM. Cela signifie que nous ne connaissons pas vraiment la teneur en pesticides des aliments. Il existe un grand nombre d'études montrant que la valeur nutritionnelle est meilleure et que la teneur en pesticides est moindre. Ces résultats ne sont malgré tout pas suffisants pour dire que ces produits offrent une garantie pour l'alimentation des petits.

## La néophobie

Elle commence entre 18 mois et 2 ans et se termine en moyenne vers 6-7 ans, une période au cours de laquelle l'enfant a besoin de tester les limites. Pour certains enfants, il ne se passe rien de particulier, mais les légumes sont souvent refusés. Pas d'inquiétude, il y a des solutions simples comme le calme, le fait de ne pas mettre d'enjeu lors du repas, ou le fait de ne pas aboutir à un chantage du type « si tu manges tes légumes, tu pourras avoir un dessert ». En effet, si les parents ont des difficultés à prendre du recul, un processus délétère pourrait se mettre en place, comme le refus de manger ou l'escalade dans le chantage. Ainsi le repas deviendrait le pire moment de la journée.

## Quelques astuces pour faire du repas un moment de plaisir

Partager le repas en famille permet de rendre votre enfant acteur de son repas. Cela peut aussi vous aider à prendre du recul et à lui laisser plus d'autonomie. Les activités de cuisine permettent à l'enfant d'être actif et donnent une possibilité d'entrer dans le monde des grands. Cela facilite souvent un comportement alimentaire plus bénéfique. Le fait de faire la cuisine avec son enfant a plusieurs avantages.

Voici quelques idées :

– faire toucher les aliments (pétrir une pâte, couper un légume, tester la maturité d'un fruit...) ;

– réaliser une partie d'une recette (comme faire la vinaigrette, disposer des légumes dans une tarte ou faire des sablés avec un emporte-pièce) ; ajouter des épices ou des herbes aromatiques à une préparation ;

– participer à la présentation finale d'un plat (mettre le biscuit écrasé sur une compote de fruits pour faire une sorte de crumble) ;

– faire découvrir les aliments, montrer comment se présentent un légume, un fruit, des herbes aromatiques.

Pour les recettes de cet ouvrage, nous vous conseillerons parfois d'ajouter à la préparation une pomme de terre vapeur ou à l'eau, ou une petite purée de légumes faite maison. Nous vous suggérons donc, lorsque vous cuisinez, de préparer d'avance une petite quantité de ces ingrédients (2 ou 3 petites pommes de terre, 2 x 150 g de purée de légumes de saison), afin d'en avoir toujours d'avance dans le frigo.

## SAUCE TOMATE SANS SEL MAISON

- 500 g de tomates
- 1 oignon
- 2 gousses d'ail
- 1 filet d'huile d'olive
- 1 cuil. à soupe d'herbes de Provence

**1.** Épluchez et émincez l'ail et l'oignon. Faites-les revenir dans une cocotte avec l'huile d'olive. Lavez et hachez finement les tomates au couteau. Ajoutez-les dans la cocotte. Assaisonnez avec les herbes de Provence et laissez mijoter 1 heure. Laissez refroidir. Vous pouvez mixer cette sauce si vous souhaitez une texture plus régulière.

**2.** Conservez dans un pot, 4 jours au réfrigérateur. Vous pouvez aussi congeler cette sauce dans un bac à glaçons pour l'utiliser en petites portions.

## PURÉE POUR BÉBÉ MAISON

- 500 g de légumes de saison (carotte, courgette, petits pois, haricots, courge au choix…)
- 1 grosse pomme de terre
- 3 cuillerées à soupe d'huile d'olive

**1.** Lavez et pelez les légumes et la pomme de terre et coupez-les en gros dés. Faites-les cuire 12 minutes au cuiseur vapeur ou dans une grande casserole d'eau portée à ébullition. Égouttez-les en conversant l'eau de cuisson. Une fois qu'ils sont tendres, mixez-les finement. Ajoutez l'huile d'olive et, si la texture est un peu épaisse, un peu d'eau de cuisson.

**2.** Laissez-refroidir et conservez 3 jours au réfrigérateur. Vous pouvez congeler la purée dans un bac à glaçons pour l'utiliser en petite portion. Vous pouvez varier l'apport en matières grasses en remplaçant l'huile par de la crème fraîche ou du beurre.

# ENTRÉES, SNACKS

# SALMOREJO

**POUR 4 PERSONNES**
**PRÉPARATION** 8 MIN
**CUISSON** 11 MIN

- ✘ 1 kg de tomates
- ✘ 80 g de pain
- ✘ 1 gousse d'ail
- ✘ 3 cuil. à soupe de vinaigre
- ✘ 3 cuil. à soupe d'huile d'olive
- ✘ 2 œufs
- ✘ 100 g de jambon cru sec
- ✘ 2 branches de persil (facultatif)
- ✘ Sel, poivre

**1.** Faites cuire les œufs 11 minutes dans une casserole d'eau bouillante, puis retirez la coquille.

**2.** À l'aide d'un blender ou d'un mixeur plongeant, mixez les tomates, le pain, l'ail épluché et l'huile.

**3.** Coupez les œufs et le jambon en petits morceaux au couteau.

**4.** Faites poêler le jambon sans matière grasse pendant 3 minutes.

### Pour les adultes

Mélangez la soupe avec le vinaigre, du sel et du poivre. Agrémentez de jambon et d'œuf dur. Saupoudrez de persil fraîchement ciselé.

### Pour les 18 mois à 3 ans

Proposez 1 à 2 cuillerées à café du mélange adulte à titre de dégustation.

# GRESSINS AUX GRAINES

**POUR 4 PERSONNES**
**PRÉPARATION** 15 MIN
**RÉFRIGÉRATION** 30 MIN
**CUISSON** 12 MIN

- ✘ 220 g de farine de blé ou farine de sarrasin (+ 20 g pour le plan de travail)
- ✘ 1 sachet de levure chimique
- ✘ 5 cl d'huile d'olive ou 50 g de beurre fondu
- ✘ 3 cuil. à soupe de mélange de graines pour salade (lin, pavot, sésame)
- ✘ 100 g de purée de légumes maison (voir page 16) ou de chocolat fondu

**1.** Préchauffez le four à 180 °C (th. 6). Mélangez la farine avec la levure, l'huile d'olive, 15 cl d'eau et 20 g de mélange de graines. Formez une boule homogène. Filmez au contact et faites reposer au frais pendant 30 minutes.

**2.** Étalez la pâte à l'aide d'un rouleau à pâtisserie et d'un peu de farine. Détaillez des bandes à l'aide d'un couteau.

**3.** Répartissez les bandes de pâte sur une plaque recouverte de papier sulfurisé. Parsemez des graines restantes puis enfournez pour 12 minutes.

**Pour les 12-18 mois**

Proposez quelques petits morceaux de gressin à bébé en surveillant qu'il ne s'étouffe pas.

**Pour les 18 mois à 3 ans**

Donnez un gressin à bébé qu'il mangera par petites bouchées, à son rythme, sans toutefois le laisser sans surveillance. Accompagnez le gressin d'un peu de purée de légumes ou de chocolat fondu.

**Pour les adultes**

Utilisez-les pour le goûter ou l'apéro.

# SABLÉS AU PARMESAN

**POUR 4 PERSONNES**
**PRÉPARATION** 15 MIN
**RÉFRIGÉRATION** 20 MIN
**CUISSON** 25 MIN

- 120 g de farine
- 1 œuf
- 50 g de parmesan râpé
- 80 g de beurre
- 1 branche de romarin
- 1 cuil. à café rase de bicarbonate

**1.** Dans un saladier, mélangez la farine avec le parmesan et le bicarbonate. Effeuillez et hachez le romarin. Coupez le beurre en morceaux.

**2.** Mélangez les poudres avec le beurre et le romarin de façon à obtenir une consistance sablonneuse. Cassez l'œuf et incorporez-le jusqu'à obtenir une pâte homogène.

**3.** Détaillez la pâte en 20 boules. Faites reposer au frais 20 minutes. Préchauffez le four à 180 °C (th. 6).

**4.** Répartissez les boules de pâte sur une plaque recouverte de papier sulfurisé. Aplatissez-les avec la paume de la main, puis enfournez pour 25 minutes.

### Pour les 12-18 mois

Faites découvrir à bébé un petit morceau de sablé.

### Pour les adultes

Vous pouvez réaliser la recette en doublant la quantité de parmesan et en utilisant du beurre demi-sel.

### Pour les 18 mois à 3 ans

Proposez un sablé coupé en petits morceaux.

LES FOUGÈRES
PALMIER

# BABY **CLUB SANDWICHS**

**POUR 4 PERSONNES**
**PRÉPARATION** 15 MIN

- ✘ 8 tranches de pain de mie sans croûte
- ✘ 4 tranches de jambon (facultatif)
- ✘ ⅓ de concombre
- ✘ 4 tranches d'emmental
- ✘ ½ botte de coriandre
- ✘ 2 petits-suisses
- ✘ 1 gousse d'ail
- ✘ 1 pointe de couteau de poudre de cumin
- ✘ Huile d'olive
- ✘ 1 cuil. à café de vinaigre de cidre (facultatif)
- ✘ Sel, poivre

**1.** Épluchez et videz le concombre puis coupez-le en petits morceaux. Effeuillez et ciselez la coriandre. Épluchez et râpez l'ail.

**2.** Mélangez les petits-suisses avec le concombre, la coriandre, l'ail et le cumin.

**3.** Faites légèrement griller le pain de mie.

**4.** Étalez le mélange au yaourt sur 4 tranches de pain. Recouvrez chaque tranche avec 1 tranche d'emmental et fermez avec une seconde tranche de pain.

***Pour les 12-18 mois***

Proposez des petits dés à titre de découverte.

***Pour les adultes***

Ajoutez 1 cuillerée à café de vinaigre de cidre au mélange au yaourt. Ajoutez 1 tranche de jambon dans les sandwichs, salez et poivrez.

***Pour les 18 mois à 3 ans***

Servez ½ sandwich coupé en deux à bébé, avec ou sans jambon.

# SOUPE DE CAROTTES ET LENTILLES CORAIL

**POUR 4 PERSONNES**
**PRÉPARATION** 5 MIN
**CUISSON** 15 MIN

- ✘ 1 kg de carottes
- ✘ 100 g de lentilles corail
- ✘ 20 cl de lait de coco
- ✘ 1 cuil. à soupe rase de poudre de gingembre
- ✘ ⅓ de botte de ciboulette
- ✘ 1 poignée d'amandes effilées
- ✘ Sel, poivre

**1.** Épluchez et émincez les carottes. Ciselez la ciboulette. Rincez les lentilles.

**2.** Versez dans une casserole les carottes, les lentilles, le lait de coco, 2 l d'eau bouillante et le gingembre.

**3.** Faites mijoter le tout pendant 15 minutes. Mettez de côté des carottes et des lentilles pour bébé.

**4.** Mixez la soupe en ajoutant un peu d'eau si nécessaire.

**Pour bébé de 6 à 12 mois**

Mixez en purée 7 cuillerées à soupe de carotte (140 g) et 2,5 cuillerées à soupe de lentilles (50 g). Proposez en guise de plat.

**Pour les 12-18 mois**

Écrasez 6 cuillerées à soupe de carotte (120 g) et 4 cuillerées à soupe de lentilles (80 g). Parsemez de ciboulette. Proposez en guise de plat.

**Pour les adultes**

Salez et poivrez la soupe. Saupoudrez au dernier moment d'amandes effilées et de ciboulette.

**Pour les 18 mois à 3 ans**

Proposez un petit bol de la même soupe que les adultes (200 g) en guise de plat.

# HOUMOUS
# STICKS DE LÉGUMES

**POUR 4 PERSONNES**
**PRÉPARATION** 15 MIN
**CUISSON** 10 MIN

- ✘ 400 g de pois chiches cuits au naturel
- ✘ 600 g de mélange de légumes (ici carotte violette, jaune, orange, haricots verts et concombre)
- ✘ 5 cuil. à soupe de tahini
- ✘ 1 citron jaune bio bien frotté
- ✘ 1 gousse d'ail
- ✘ Huile d'olive
- ✘ Gressins
- ✘ Sel, poivre

**1.** Râpez et pressez le citron. Épluchez l'ail. Épluchez et coupez les légumes en bâtonnets.

**2.** Plongez les bâtonnets (le concombre n'est pas nécessairement à cuire) et les gousses d'ail dans une casserole d'eau bouillante. Faites-les cuire à frémissement jusqu'à ce qu'ils soient fondants (comptez 10 minutes), puis égouttez-les.

**3.** Si vous avez le temps, retirez la peau des pois chiches puis mixez-les avec le tahini, le jus de citron, une pincée de zestes et l'ail.

**Pour les 12-18 mois**

Faites goûter la préparation aux pois chiches à titre de découverte, en entrée.

**Pour les adultes**

Salez et poivrez le tout. Arrosez d'un filet d'huile d'olive et dégustez avec des blinis ou des gressins.

**Pour les 18 mois à 3 ans**

Servez en guise de plat quelques légumes précuits (160 g) avec 2 cuillerées à café de houmous (20 g).

# MINI-WRAPS AU JAMBON

**POUR 4 PERSONNES**
**PRÉPARATION** 10 MIN
**CUISSON** 10 MIN

- ✘ 4 galettes wraps ou tortillas de blé
- ✘ 120 g de gruyère râpé
- ✘ 2 tranches de jambon blanc
- ✘ ½ oignon rouge
- ✘ 1 tomate
- ✘ 4 feuilles de laitue
- ✘ 1 botte de coriandre
- ✘ Huile d'olive

**1.** Préchauffez le four à 180 °C (th. 6). Épluchez et hachez l'oignon et la tomate. Coupez les tranches de jambon en deux. Ciselez la coriandre.

**2.** Répartissez sur chaque galette le gruyère, le jambon, la tomate et la laitue.

**3.** Repliez deux extrémités de chaque galette et roulez les wraps. Coupez chaque wrap en deux ou en quatre.

**4.** Répartissez les mini-wraps dans un plat et enfournez pour 10 minutes. Parsemez de coriandre à la sortie du four.

***Pour les 12-18 mois***

Proposez à titre de découverte un petit morceau de wrap.

***Pour les 18 mois à 3 ans***

Proposez un mini-wrap en entrée du repas de bébé.

***Pour les adultes***

Agrémentez d'un peu d'oignon haché, de sel et de poivre.

# BOULETTES DE RIZ GRILLÉES AU CHÈVRE FRAIS

**POUR 4 PERSONNES**
**PRÉPARATION** 15 MIN
**CUISSON** 25 MIN

- ✘ 150 g de riz rond
- ✘ 120 g de bûche de chèvre frais
- ✘ 5 branches de thym
- ✘ 5 cuil. à soupe de graines de sésame
- ✘ 3 cl de sauce soja (facultatif)
- ✘ Huile de pépins de raisin
- ✘ Sel, poivre

**1.** Faites cuire le riz dans une casserole d'eau bouillante pendant 20 minutes puis égouttez-le. À l'aide d'un fouet, fouettez-le énergiquement pendant 1 minute.

**2.** Effeuillez le thym. Coupez le chèvre en 10 morceaux, puis roulez-les dans les feuilles de thym.

**3.** Enrobez les morceaux de chèvre de riz trop cuit, puis roulez-les dans les graines de sésame.

**4.** Faites griller les boulettes dans une poêle antiadhésive avec un filet d'huile pendant 5 minutes.

***Pour les 12-18 mois***

Émiettez une boulette que vous proposerez à bébé à titre de dégustation.

***Pour les adultes***

Salez et poivrez légèrement. Servez avec un peu de sauce soja.

***Pour les 18 mois à 3 ans***

Servez quelques boulettes à bébé, avec ou sans sésame, en guise de plat.

# BRICKS DE CHÈVRE ÉPINARDS MENTHE

**POUR 4 PERSONNES**
**PRÉPARATION** 15 MIN
**CUISSON** 15 MIN

- ✘ 8 feuilles de brick
- ✘ 200 g de bûche de chèvre
- ✘ 400 g d'épinards
- ✘ 1 gousse d'ail
- ✘ 1 cuil. à soupe de graines de cumin
- ✘ 30 g de raisins secs
- ✘ ½ botte de menthe
- ✘ Huile d'olive
- ✘ Sel, poivre

**1.** Préchauffez le four à 180 °C (th. 6). Équeutez et hachezz les épinards. Épluchez et hachez l'ail. Coupez le chèvre en tranches et émincez les feuilles de menthe.

**2.** Dans une casserole, faites cuire les épinards pendant 5 minutes. Égouttez et pressez-les.

**3.** Huilez les feuilles de brick. Répartissez les épinards, l'ail, le cumin, le raisin, la menthe et le chèvre au centre de 4 feuilles. Pliez-les en carré et enveloppez-les chacune d'une autre feuille.

**4.** Disposez les chaussons de brick sur une plaque et enfournez pour 10 minutes.

### Pour les adultes

Dans une poêle, faites revenir les bricks des adultes pendant 1 minute avec un filet d'huile d'olive. Retournez-les à mi-cuisson. Salez et poivrez.

### Pour les 12-18 mois

Faites découvrir quelques morceaux de brick à bébé.

### Pour les 18 mois à 3 ans

Proposez ½ brick à bébé en guise de plat.

# MINI-FLANS DE LÉGUMES

**POUR 4 PERSONNES**
**PRÉPARATION** 15 MIN
**CUISSON** 35 MIN

- 150 g de chair de panais
- 200 g de chair de potiron
- 2 œufs
- 20 cl de crème fraîche entière
- 40 g de parmesan râpé
- 1 cuil. à café d'herbes de Provence
- Persil (facultatif)
- Sel, poivre

**1.** Préchauffez le four à 180 °C (th. 6). Épluchez le panais et le potiron et coupez-les en morceaux. Ciselez le persil.

**2.** Plongez le panais et le potiron dans une casserole d'eau bouillante et faites-les cuire pendant 20 minutes. Égouttez-les.

**3.** Cassez les œufs et versez-les dans un saladier. Ajoutez dans le saladier les légumes, la crème, le parmesan et les herbes de Provence.

**4.** Mixez le tout et versez dans 4 ramequins. Disposez-les sur une plaque et enfournez pour 15 minutes.

**Pour les 12-18 mois**

Proposez à bébé un flan entier, sans persil, en guise de plat.

**Pour les 6-12 mois**

Proposez ½ flan à bébé, sans persil, en guise de plat.

**Pour les adultes**

Servez les flans avec un peu de sel et de poivre. Parsemez de persil.

**Pour les 18 mois à 3 ans**

Proposez en guise de plat un flan avec un peu de persil selon les goûts de l'enfant.

# ASSIETTE DE **PETITS LÉGUMES À GRIGNOTER**

**POUR 4 PERSONNES**
**PRÉPARATION** 15 MIN
**CUISSON** 15 MIN

- ⅓ de patate douce
- 80 g de fèves
- ⅓ de concombre
- 1 carotte
- ⅓ de courgette
- 2 petits-suisses
- 100 g de chèvre frais
- Le jus de ½ citron jaune
- 1 botte de basilic
- Huile d'olive

**1.** Épluchez la patate douce, le concombre, la carotte et la courgette. Effeuillez et hachez le basilic.

**2.** Coupez la patate douce, le concombre, la carotte et la courgette en morceaux.

**3.** Faites cuire la patate douce, les fèves, la carotte et la courgette dans une casserole d'eau bouillante pendant 15 minutes. Égouttez-les.

**4.** Mélangez les petits-suisses, le chèvre, le jus de citron jaune et le basilic.

***Pour les 6-12 mois***

Mixez 7 cuillerées à soupe de mélange de légumes (patate douce, carotte, courgette) cuits à l'eau (140 g) et servez en guise de plat.

***Pour les 12-18 mois***

Servez en guise de plat 9 cuillerées à soupe de légumes (patate douce, carotte, courgette, concombre) (180 g) avec la sauce.

***Pour les adultes***

Dégustez les légumes trempés dans la sauce à l'aide de piques en bois.

***Pour les 18 mois à 3 ans***

Servez en guise de plat 10 cuillerées à soupe de légumes (patate douce, fèves, carotte, courgette, concombre) (200 g) avec la sauce.

enfants rois

# MINI-CAKES AUX LÉGUMES

**POUR 10 MINI-CAKES**
**PRÉPARATION** 15 MIN
**CUISSON** 35 MIN

- ✘ 3 œufs
- ✘ 200 g de farine
- ✘ 10 cl d'huile d'olive
- ✘ 5 cl de lait
- ✘ 1 courgette
- ✘ 2 poivrons rouges
- ✘ 2 oignons
- ✘ 40 g de tomates confites
- ✘ 1 cuil. à soupe bombée d'herbes de Provence
- ✘ Huile d'olive
- ✘ Fleur de sel, poivre

**1.** Préchauffez le four à 180 °C (th. 6). Videz les poivrons. Coupez la courgette, les poivrons, l'oignon et les tomates confites en morceaux.

**2.** Versez les légumes dans une casserole avec un fond d'eau et un filet d'huile d'olive. Faites mijoter pendant 15 minutes.

**3.** Cassez et fouettez les œufs avec l'huile d'olive et les herbes de Provence. Incorporez les légumes, la farine et le lait.

**4.** Versez dans des moules à mini-cakes. Enfournez pour 20 minutes.

***Pour les 12-18 mois***

Proposez à bébé quelques morceaux de cake à titre de découverte.

***Pour les adultes***

Servez tiède avec un peu de fleur de sel et de poivre.

***Pour les 18 mois à 3 ans***

Proposez à bébé ½ cake ou 1 entier en fonction de son appétit, en guise de plat.

# MINI-**BLINIS**

**POUR 4 PERSONNES**
**PRÉPARATION** 15 MIN
**CUISSON** 10 MIN
**REPOS** 1 H (FACULTATIF)

- ✘ 80 g de farine
- ✘ 1 œuf
- ✘ 1 cuil. à café de levure de boulanger
- ✘ 12 cl de lait
- ✘ Huile de pépins de raisin

**Pour l'accompagnement :**

- ✘ 1 yaourt nature (125 g)
- ✘ 1 botte d'herbes aromatiques
- ✘ Le jus de 1 citron jaune
- ✘ Sel, poivre

**1.** Cassez et fouettez l'œuf avec la levure et le lait. Incorporez la farine jusqu'à obtenir un résultat homogène. Si possible, faites reposer la pâte 1 heure à température ambiante.

**2.** Hachez très finement les herbes pour que bébé ne soit pas gêné par la texture et mélangez avec le yaourt et le jus de citron. Réservez quelques herbes pour garnir le yaourt des adultes.

**3.** Dans une poêle chaude huilée, versez 1 cuillerée à soupe de pâte pour chaque blini. Faites cuire 1 minute, retournez les blinis et prolongez la cuisson de 1 minute.

**Pour les 6-12 mois**

Proposez en entrée de tout petits dés de blinis avec du yaourt aux herbes ou de la sauce tomate.

**Pour les 12-18 mois**

Proposez à bébé ⅓ de blini avec le yaourt aux herbes en guise d'entrée.

**Pour les 18 mois à 3 ans**

Proposez à bébé ½ blini avec un peu de sauce ou de miel, en entrée… ou en dessert !

**Pour les adultes**

Servez avec le yaourt aux herbes salé et poivré ou avec la garniture de votre choix (tapenade, pesto, sauce tomate, œufs de poisson…).

# CHIPS DE LÉGUMES

**POUR 4 PERSONNES**
**PRÉPARATION** 15 MIN
**CUISSON** 20 MIN

- ✘ 1 carotte
- ✘ 1 panais
- ✘ 1 betterave cuite
- ✘ 1 pomme de terre
- ✘ Huile d'olive
- ✘ Sel, poivre

**1.** Préchauffez le four à 140 °C (th. 4-5). Épluchez la carotte, le panais, la betterave et la pomme de terre.

**2.** Taillez les légumes en tranches fines à l'aide d'une mandoline.

**3.** Disposez les légumes sur une grille puis enfournez pour 20 minutes. Placez une plaque sous la grille pour récupérer les légumes qui chutent. À partir de 10 minutes de cuisson, retirez au fur et à mesure les légumes qui deviennent chips afin d'éviter la surcuisson.

**Pour les 6-12 mois**

Proposez à titre de découverte une chips de pomme ou de betterave.

**Pour les 12-18 mois**

Proposez pour goûter 1 ou 2 chips à bébé.

**Pour les 18 mois à 3 ans**

Proposez en entrée une chips de chaque variété, toujours sans sel ni poivre.

**Pour les adultes**

Salez et poivrez.

# MINI-PIZZAS

**POUR 4 PERSONNES**
**PRÉPARATION** 15 MIN
**CUISSON** 10 MIN

- ✘ 1 pâte à pain
- ✘ 15 cl de sauce tomate maison (voir page 16)
- ✘ 1 tranche de jambon blanc
- ✘ 1 mozzarella
- ✘ 20 g de farine pour le plan de travail
- ✘ 1 cuil. à café d'origan séché
- ✘ 1 botte de basilic
- ✘ Huile d'olive
- ✘ Sel, poivre

**1.** Préchauffez le four à 180 °C (th. 6). Formez un boudin avec la pâte à pain. À l'aide d'un couteau, détaillez 12 morceaux. Coupez le jambon et la mozzarella en petits morceaux. Effeuillez le basilic.

**2.** Étalez les 12 pâtons à l'aide d'un rouleau à pâtisserie et d'un peu de farine puis disposez-les sur une plaque recouverte de papier sulfurisé.

**3.** Nappez les mini-pizzas de sauce tomate puis recouvrez-les de mozzarella et de jambon. Saupoudrez d'origan.

**4.** Enfournez pour 10 minutes. Parsemez de basilic à la sortie du four.

### *Pour les 12-18 mois*

Proposez à bébé quelques petits morceaux de pizza, pour découvrir.

### *Pour les adultes*

Arrosez d'un filet d'huile d'olive (si possible pimentée). Salez et poivrez légèrement.

### *Pour les 18 mois à 3 ans*

Servez une ou deux mini-pizzas pour le repas de l'enfant.

# PLATS DE VIANDE

# **CÉLERI** CARBONARA

**POUR 4 PERSONNES**
**PRÉPARATION** 10 MIN
**CUISSON** 8-12 MIN

- ✘ 1 céleri rave
- ✘ 150 g de tranches de jambon de Bayonne
- ✘ 30 cl de crème légère
- ✘ 1 petit oignon rouge
- ✘ 3 gousses d'ail
- ✘ 40 g de pecorino râpé
- ✘ ¼ de botte de persil
- ✘ Huile d'olive
- ✘ Sel, poivre

**En + pour bébé :**

- ✘ 1 pomme de terre vapeur

**1.** Épluchez et râpez le céleri à l'aide d'un robot de cuisine ou d'une râpe à légumes.

**2.** Concassez le jambon au couteau. Épluchez et hachez l'ail et l'oignon. Ciselez le persil.

**3.** Faites revenir l'ail, l'oignon et le jambon à la poêle sans matière grasse pendant 2 minutes. Ajoutez la crème, un fond d'eau et faites mijoter 4 minutes.

**4.** Faites cuire le céleri dans un fond d'eau pendant 8 minutes. L'eau doit être évaporée à la fin de la cuisson. Prolongez la cuisson de 4 minutes avec un peu d'eau pour bébé.

### *Pour les 12-18 mois*

Si l'enfant accepte les morceaux peu fondants, hachez au couteau 6 cuillerées à soupe de céleri (120 g) avec 1 cuillerée à soupe de jambon cuit (20 g) et parsemez de persil.

### *Pour les 6-12 mois*

Mixez 4 cuillerées à soupe de céleri (80 g) et 1 cuillerée à café de jambon cuit (10 g), ajoutez une pomme de terre vapeur (50 g).

### *Pour les adultes*

Mélangez le céleri avec le pecorino, la crème au jambon et le persil. Salez et poivrez.

### *Pour les 18 mois à 3 ans*

Servez 5 à 6 cuillerées à soupe (150 g) du plat destiné aux adultes, modérément salé et poivré, avec une pincée de pecorino.

# **BROCHETTE** DE BŒUF

**POUR 4 PERSONNES**
**PRÉPARATION** 15 MIN
**CUISSON** 20 MIN

- ✘ 2 carpaccios de bœuf (350 g)
- ✘ 5 cl de sauce soja
- ✘ 300 g d'emmental
- ✘ 200 g de riz
- ✘ 4 carottes
- ✘ 2 courgettes
- ✘ 1 oignon rouge
- ✘ 1 gousse d'ail
- ✘ ½ botte de coriandre
- ✘ Huile de pépins de raisin ou tournesol
- ✘ Sel, poivre

**1.** Faites cuire le riz dans une casserole d'eau bouillante pendant 15 minutes avant de l'égoutter.

**2.** Épluchez les carottes, l'oignon et l'ail. Émincez les légumes. Faites cuire les carottes et les courgettes dans une casserole d'eau bouillante pendant 15 minutes. Ciselez la coriandre.

**3.** Dans une poêle, faites revenir l'oignon et l'ail avec un filet d'huile pendant 5 minutes.

**4.** Coupez l'emmental en 20 bâtonnets. Enroulez les bâtonnets de carpaccio de bœuf. Piquez-les avec des piques à brochette. Faites-les revenir 4 minutes à la poêle avec un filet d'huile.

***Pour les 12-18 mois***

Hachez au couteau 6 cuillerées à soupe de légumes (120 g), 2,5 cuillerées à soupe de riz cuit (50 g), 1 cuillerée à soupe de bœuf (20 g), 1 cuillerée à café d'oignon/ail (5 g), une pincée de coriandre et 2 cuillerées à café d'huile d'olive.

***Pour les 6-12 mois***

Mixez 5 cuillerées à soupe de légumes (100 g), 2,5 cuillerées à soupe de riz (50 g), 1 cuillerée à café de bœuf (10 g) et une pincée de coriandre.

***Pour les adultes***

Servez les brochettes accompagnées de riz, de légumes et de sauce soja, parsemées de feuilles de coriandre et d'oignon fondu.

***Pour les 18 mois à 3 ans***

Coupez en dés une brochette, 7 cuillerées à soupe de légumes (140 g), 2,5 cuillerées à soupe de riz (50 g), 1 cuillerée à café d'oignon et d'ail (10 g), une pincée de coriandre et 2 cuillerées à café d'huile d'olive.

# **COURGETTES** FARCIES

**POUR 4 PERSONNES**
**PRÉPARATION** 15 MIN
**CUISSON** 30 MIN

- ✘ 2 courgettes
- ✘ 400 g de viande de bœuf hachée
- ✘ 200 g de riz de Camargue
- ✘ 1 oignon jaune
- ✘ 2 gousses d'ail
- ✘ 2 branches de thym
- ✘ 1 cuil. à café de cumin en grains
- ✘ ⅓ de botte de coriandre
- ✘ 20 g de parmesan râpé
- ✘ Huile d'olive
- ✘ Sel, poivre

**1.** Préchauffez le four à 180 °C (th. 6). Coupez les courgettes en deux. Creusez l'intérieur à l'aide d'une cuillère. Épluchez et hachez l'oignon et l'ail. Ciselez la coriandre.

**2.** Disposez les oignons, l'ail, la chair des courgettes, le cumin et 1 branche de thym dans un plat. Posez les courgettes par-dessus et garnissez-les avec la viande.

**3.** Parsemez de thym, arrosez d'un filet d'huile d'olive et enfournez pour 30 minutes.

**4.** Faites cuire le riz dans une casserole d'eau bouillante pendant 15 minutes.

**Pour les 6-12 mois**

Mixez 3 cuillerées à soupe de chair de courgette cuite (60 g) en ôtant la peau, 2,5 cuillerées à soupe de riz cuit (50 g), 1 cuillerée à café de bœuf (10 g) et une pincée de coriandre.

**Pour les 12-18 mois**

Hachez au couteau 4 cuillerées à soupe de courgette cuite (80 g), 3 cuillerées à soupe de riz cuit (60 g), 1 cuillerée à soupe de bœuf (20 g), et une pincée de coriandre.

**Pour les 18 mois à 3 ans**

Proposez ½ courgette avec 2 cuillerées à soupe de riz cuit garnie d'une pincée de coriandre et de ½ cuillère à café de parmesan.

**Pour les adultes**

Saupoudrez de parmesan, de coriandre, salez et poivrez. Servez les courgettes farcies avec le riz et la garniture au fond du plat.

# CÔTES DE PORC RÔTIES À LA SAUGE, PANAIS

**POUR 4 PERSONNES**
**PRÉPARATION** 15 MIN
**CUISSON** 15 MIN

- 4 côtes de porc
- 800 g de panais
- 4 gousses d'ail
- 2 branches de thym
- ½ botte de sauge
- Huile de pépins de raisin
- 30 g de beurre
- Sel, poivre

**1.** Épluchez les panais et coupez-les en morceaux. Faites-les cuire dans une casserole d'eau bouillante pendant 15 minutes avant de les égoutter et de les réduire en purée.

**2.** Épluchez et coupez les gousses d'ail en deux.

**3.** Faites revenir les côtes de porc avec les gousses d'ail, le thym, la sauge et un filet d'huile pendant 6 minutes.

**4.** Déglacez la poêle avec le beurre et ½ verre d'eau. Faites réduire de moitié.

**Pour les 6-12 mois**

Mixez 5 cuillerées à soupe de panais bien cuit (100 g), un peu d'eau, 1 cuillerée à café de porc bien cuit haché (10 g), 1 cuillerée à café de beurre (5 g).

**Pour les 12-18 mois**

Hachez au couteau 6 cuillerées à soupe de panais bien cuit (120 g) avec un peu d'eau, 1 cuillerée à café de beurre (5 g), 1 cuillerée à soupe de porc bien cuit (20 g) et ½ gousse d'ail.

**Pour les 18 mois à 3 ans**

Coupez en morceaux et mélangez 7 cuillerées à soupe de panais bien cuit (140 g) avec un peu d'eau, 1 cuillerée à café de beurre (5 g), 1,5 cuillerée à soupe de porc bien cuit (30 g) et ½ gousse d'ail.

**Pour les adultes**

Servez les côtes de porc avec les dés de panais et les herbes. Salez et poivrez. Nappez de beurre à la sauge.

# MIJOTÉ DE BOULETTES DE BŒUF AU CUMIN

**POUR 4 PERSONNES**
**PRÉPARATION** 10 MIN
**CUISSON** 10 MIN

- ✘ 500 g de viande hachée de bœuf
- ✘ 40 cl de sauce tomate maison (voir page 60)
- ✘ 1 gros poivron rouge
- ✘ 1 oignon jaune
- ✘ 2 gousses d'ail
- ✘ ¼ de botte de persil
- ✘ 1 cuil. à café de cumin en poudre
- ✘ 300 g de riz de Camargue
- ✘ Huile d'olive
- ✘ Sel, poivre

**En + pour bébé :**

- ✘ 1 purée de légumes maison (voir page 16)

**1.** Faites cuire le riz dans une grande casserole d'eau le temps indiqué sur le paquet. Formez 20 boulettes de viande hachée entre vos mains.

**2.** Épluchez l'oignon, l'ail et videz le poivron. Ciselez le persil. Hachez l'oignon, l'ail et le poivron à l'aide d'un robot mixeur.

**3.** Dans une grande poêle, faites revenir les boulettes de viande avec un petit filet d'huile d'olive pendant 10 minutes. Retournez-les fréquemment.

**4.** Faites revenir l'oignon, l'ail et le poivron avec 1 filet d'huile d'olive et le cumin pendant 10 minutes.

**5.** Versez les légumes sur les boulettes puis arrosez de sauce tomate. Ajoutez un peu d'eau si la sauce est trop épaisse.

**Pour les 12-18 mois**

Proposez à l'enfant une boulette avec 1 cuillerée à soupe de sauce tomate (20 g) et 3 cuillerées à soupe de riz (60 g).

**Pour les 6-12 mois**

Faites découvrir à l'enfant un petit morceau de boulette en complément de sa purée.

**Pour les adultes**

Servez le riz avec les boulettes et la sauce. Saupoudrez de persil. Salez et poivrez.

**Pour les 18 mois à 3 ans**

Proposez 1 à 2 boulettes avec de la sauce (20 g) et 4 cuillerées de riz (80 g).

# **SAUCISSE**-PURÉE

**POUR 4 PERSONNES**
**PRÉPARATION** 15 MIN
**CUISSON** 25 MIN

- ✘ 4 saucisses de Toulouse
- ✘ 1,2 kg de pommes de terre
- ✘ 30 cl de lait entier
- ✘ 30 g de beurre
- ✘ 1 oignon jaune
- ✘ 4 gousses d'ail
- ✘ ½ botte de persil
- ✘ Huile de pépins de raisin
- ✘ Sel, poivre

**1.** Épluchez les pommes de terre et coupez-les en morceaux. Faites-les cuire dans une casserole d'eau bouillante pendant 25 minutes avant de les égoutter. Mettez de côté les pommes de terre pour bébé et écrasez le reste avec le lait. Ciselez le persil.

**2.** Épluchez, émincez et faites revenir l'oignon et l'ail dans une poêle avec un filet d'huile pendant 10 minutes.

**3.** Faites revenir les saucisses avec l'oignon et l'ail dans la poêle pendant 10 minutes. Réservez.

**4.** Déglacez la poêle avec le beurre et ½ verre d'eau. Faites réduire de moitié.

### Pour les 6-12 mois

Mixez 1 cuillerée à café de saucisse bien cuite (10 g) avec 5 cuillerées à soupe de purée (100 g), à fluidifier si besoin avec un peu d'eau de cuisson et une noisette de beurre.

### Pour les 12-18 mois

Hachez au couteau 1 cuillerée à soupe de saucisse (20 g), ½ cuillerée à café d'oignon et 1 cuillerée à café de jus et mélangez avec 6 cuillerées à soupe de purée (120 g).

### Pour les 18 mois à 3 ans

Coupez en morceaux 1,5 cuillerée à soupe de saucisse (30 g) et servez avec 6 à 7 cuillerées à soupe de purée (150 g), 1 cuillerée à café d'oignon (8 g) une pincée de persil.

### Pour les adultes

Servez les saucisses avec la purée, les oignons fondus et leur jus. Saupoudrez de persil ciselé. Salez et poivrez.

# PORC AU FENOUIL ET CHAMPIGNONS

**POUR 4 PERSONNES**
**PRÉPARATION** 15 MIN
**CUISSON** 10 MIN

- ✘ 600 g de filet mignon de porc
- ✘ 1 gros fenouil
- ✘ 600 g de champignons de Paris
- ✘ 4 cuil. à soupe rases de moutarde
- ✘ 1 cuil. à soupe de vinaigre de cidre
- ✘ ¼ de botte de persil
- ✘ Huile d'olive
- ✘ Sel, poivre

**En + pour bébé :**

- ✘ 1 pomme de terre vapeur

**1.** Taillez le filet mignon en morceaux. Émincez le fenouil. Éliminez la partie terreuse du pied des champignons, lavez les champignons et coupez-les en quatre. Ciselez le persil.

**2.** Faites cuire le fenouil dans une casserole avec un fond d'eau pendant 10 minutes. Il ne doit pas rester d'eau.

**3.** Dans une poêle, faites revenir la viande et les champignons avec un filet d'huile d'olive pendant 8 minutes. Faites bouillir le vinaigre, la moutarde et 6 cl d'eau.

## Pour les 12-18 mois

Hachez au couteau 2 cuillerées à soupe de fenouil (40g), 3 cuillerées à soupe de champignons (60 g), 1 cuillerée à soupe de porc (20 g) et une pomme de terre vapeur écrasée (50 g) avec 1 cuillerée à café d'huile d'olive et une pincée de persil.

## Pour les 6-12 mois

Mixez 1 cuillerée à soupe de fenouil (20 g), 1 cuillerée à soupe de champignons (20 g) et 1 cuillerée à café de porc (10 g). Ajoutez une grosse pomme de terre vapeur (90 g) avec 1 cuillerée à café d'huile d'olive.

## Pour les adultes

Servez le porc aux champignons avec le fenouil et la sauce à la moutarde. Salez et poivrez. Saupoudrez de persil ciselé.

## Pour les 18 mois à 3 ans

Coupez 4 cuillerées à soupe de fenouil (80 g), 3 cuillerées à soupe de champignons (60 g) et 1 cuillerée à soupe de porc (20 g). Mélangez avec une pincée de persil, 1 cuillerée à café de crème fraîche et une pointe de moutarde. Accompagnez d'une tartine de pain.

# FILET MIGNON ET PURÉE DE POTIRON

**POUR 4 PERSONNES**
**PRÉPARATION** 15 MIN
**CUISSON** 15 MIN

- ✘ 800 g de filet mignon de porc
- ✘ 1 potiron de 1,2 kg
- ✘ 20 cl de crème épaisse
- ✘ 40 g de beurre
- ✘ 1 oignon rouge
- ✘ 4 gousses d'ail
- ✘ ½ botte de persil
- ✘ Huile d'olive
- ✘ Sel, poivre

**1.** Épluchez le potiron, videz-le et coupez-le en morceaux. Faites-le cuire dans une casserole d'eau bouillante pendant 15 minutes, avant de l'égoutter. Mettez de côté le potiron pour bébé et mixez le reste avec la crème. Ciselez le persil.

**2.** Épluchez et émincez l'oignon et l'ail.

**3.** Faites revenir les filets mignons avec l'oignon, l'ail et un filet d'huile pendant 6 minutes. Réservez.

**4.** Déglacez la poêle avec le beurre et ½ verre d'eau. Faites réduire de moitié.

**Pour les 6-12 mois**

Mixez 1 cuillerée à café de porc bien cuit (10 g) avec 7 cuillerées à soupe de purée (140 g).

**Pour les 12-18 mois**

Hachez au couteau 1 cuillerée à soupe de porc bien cuit (20 g), ½ cuillerée à café d'oignon et mélangez avec 7 cuillerées à soupe de purée (140 g).

**Pour les 18 mois à 3 ans**

Coupez en morceaux 1,5 cuillerée à soupe de porc bien cuit (30 g) et servez avec 7 cuillerées à soupe de purée (140 g), 1 cuillerée à café d'oignon (8 g) et une pincée de persil.

**Pour les adultes**

Servez les filets mignons avec la purée, les oignons fondus, leur jus et le persil ciselé. Salez et poivrez.

# ESCALOPE DE VEAU ET CHAMPIGNONS

**POUR 4 PERSONNES**
**PRÉPARATION** 8 MIN
**CUISSON** 7 MIN

- ✘ 4 escalopes de veau de 150 g
- ✘ 600 g de champignons
- ✘ 400 g d'épinards
- ✘ 2 gousses d'ail
- ✘ ¼ de botte de persil
- ✘ Huile d'olive
- ✘ Sel, poivre

**En + pour bébé :**

- ✘ 1 pomme de terre vapeur

**1.** Équeutez, lavez et coupez grossièrement les champignons et les épinards. Épluchez et hachez l'ail. Ciselez le persil.

**2.** Faites cuire les épinards dans une casserole d'eau bouillante pendant 5 minutes.

**3.** Dans une poêle à feu vif, faites revenir les champignons, l'ail et le persil avec un filet d'huile d'olive pendant 7 minutes. Réservez.

**4.** Faites revenir dans la même poêle les escalopes de veau 3 minutes sur chaque face avec un filet d'huile d'olive. Ajoutez un peu d'eau en fin de cuisson pour faire un petit jus.

### Pour les 6-12 mois

Mixez 4 cuillerées à soupe d'épinards (80 g) et 1 cuillerée à café d'escalope bien cuite (10 g). Ajoutez une pomme de terre cuite vapeur et mixée (50 g).

### Pour les adultes

Servez les escalopes de veau avec les épinards et les champignons. Saupoudrez de persil, salez et poivrez.

### Pour les 12 mois à 3 ans

Hachez au couteau 4 cuillerées à soupe d'épinards (80 g), 1 cuillerée à soupe d'escalope bien cuite (20 g), 1 cuillerée à café de champignons (10 g) et quelques dés de pomme de terre vapeur (80 g). Parsemez de persil et d'un filet d'huile d'olive.

# QUICHE BROCOLI ET BACON

**POUR 4 PERSONNES**
**PRÉPARATION** 15 MIN
**CUISSON** 30 MIN

- ✘ 1 pâte brisée
- ✘ 1 brocoli
- ✘ 4 fines tranches de poitrine de porc
- ✘ 35 cl de crème fraîche
- ✘ 2 œufs
- ✘ 100 g de fromage de chèvre frais
- ✘ 1 laitue
- ✘ Huile d'olive
- ✘ Vinaigre
- ✘ Sel, poivre

**En + pour bébé:**

✘ 1 purée de légumes maison (voir page 16)

**1.** Préchauffez le four à 180 °C (th. 6). Coupez le brocoli en morceaux. Faites cuire le brocoli dans une casserole d'eau bouillante pendant 6 minutes avant de l'égoutter. Prolongez la cuisson de 2 minutes pour bébé et réservez sa portion.

**2.** Cassez les œufs et fouettez-les avec la crème et le fromage de chèvre.

**3.** Chemisez un moule à tarte de papier sulfurisé puis de pâte brisée. Disposez le brocoli sur la pâte. Versez la crème aux œufs par-dessus. Recouvrez avec les tranches de poitrine.

**4.** Enfournez pour 30 minutes.

**Pour les 12-18 mois**

Proposez une fine lamelle de quiche (20 g) à titre de découverte. Accompagnez d'une purée de légumes (150 g).

**Pour les adultes**

Salez, poivrez et servez avec une petite salade en vinaigrette.

**Pour les 18 mois à 3 ans**

Proposez à bébé ½ part de tarte.

# CÔTELETTES D'AGNEAU AUX LÉGUMES VERTS

**POUR 4 PERSONNES**
**PRÉPARATION** 8 MIN
**CUISSON** 14 MIN

- ✘ 12 côtelettes d'agneau
- ✘ 300 g de petits pois frais écossés ou surgelés
- ✘ 1 courgette
- ✘ 1 oignon jaune
- ✘ 2 gousses d'ail
- ✘ Huile d'olive
- ✘ Sel, poivre

**1.** Faites cuire les côtelettes d'agneau 3 minutes de chaque côté dans une poêle avec un filet d'huile d'olive.

**2.** Épluchez et émincez l'oignon et l'ail. Coupez la courgette en petits morceaux.

**3.** Faites cuire la courgette et les petits pois dans une casserole avec un fond d'eau pendant 8 minutes. Il ne doit plus rester d'eau à la fin de la cuisson.

**4.** Retirez l'agneau de la poêle, ajoutez l'oignon et l'ail et faites cuire 8 minutes.

***Pour les 12-18 mois***

Écrasez 5 cuillerées à soupe de petits pois (100 g), 4 cuillerées à soupe de courgette (80 g) et hachez au couteau 1 cuillerée à soupe d'agneau (20 g). Mélangez avec 1 cuillerée à café d'oignon fondants (10 g).

***Pour les 6-12 mois***

Mixez 3 cuillerées à soupe de petits pois (60 g), 4 cuillerées à soupe de courgette (80 g) et 1 cuillerée à café d'agneau (10 g) avec 1 cuillerée à café d'huile d'olive.

***Pour les adultes***

Servez l'agneau avec les courgettes, les petits pois et les oignons. Salez, poivrez et arrosez d'un filet d'huile d'olive.

***Pour les 18 mois à 3 ans***

Proposez 5 cuillerées à soupe de petits pois (100 g), 4 cuillerées à soupe de courgette en dés (80 g) et 1 cuillerée à soupe d'agneau coupé en petits morceaux (20 g). Mélangez avec 1 cuillerée à café d'oignon (10 g).

# GRATIN DAUPHINOIS
# À LA BRESAOLA

**POUR 4 PERSONNES**
**PRÉPARATION** 15 MIN
**CUISSON** 50 MIN

- ✗ 1,1 kg de pommes de terre
- ✗ 100 g de bresaola
- ✗ 70 cl de crème 5 % MG
- ✗ 50 g de parmesan râpé
- ✗ 4 gousses d'ail
- ✗ 4 branches de thym
- ✗ une pincée de noix de muscade
- ✗ Sel, poivre

**En + pour bébé :**

- ✗ 1 purée de légumes maison (voir page 16)

**1.** Préchauffez le four à 180 °C (th. 6). Épluchez et taillez les pommes de terre et l'ail en tranches fines à l'aide d'une mandoline. Effeuillez le thym.

**2.** Disposez les pommes de terre, l'ail, la crème, les trois quarts de la bresaola, la moitié du thym et la noix de muscade dans un plat à gratin.

**3.** Enfournez pour 50 minutes. Parsemez de parmesan 5 minutes avant la fin de la cuisson.

***Pour les 12-18 mois***

Proposez à l'enfant 2 cuillerées à soupe de gratin à titre de découverte. Accompagnez d'une purée de légumes (150 g).

***Pour les adultes***

Salez, poivrez et servez avec les tranches restantes de bresaola.

***Pour les 18 mois à 3 ans***

Proposez à l'enfant ½ part de gratin.

# ROULÉS DE VEAU FARCIS

**POUR 4 PERSONNES**
**PRÉPARATION** 10 MIN
**CUISSON** 15 MIN

- ✘ 4 escalopes de veau de 150 g
- ✘ 150 g de riz de Camargue
- ✘ 2 pincées d'ail en poudre
- ✘ 100 g de ricotta
- ✘ 150 g de roquette
- ✘ 1 échalote
- ✘ 3 cuil. à soupe de pignons de pin
- ✘ Le jus de 1 citron
- ✘ Huile d'olive
- ✘ Sel, poivre

**En + pour bébé :**

- ✘ 1 purée de légumes maison (voir page 16)

**1.** Faites cuire le riz 15 minutes dans une casserole d'eau bouillante. Égouttez.

**2.** Épluchez et hachez l'échalote. Hachez la moitié de la roquette.

**3.** Mélangez la roquette avec la ricotta et l'ail. Répartissez la farce sur les 4 escalopes. Roulez-les sur elles-mêmes puis ficelez-les.

**4.** Faites cuire les escalopes à la poêle avec un filet d'huile d'olive pendant 8 minutes. Retournez-les fréquemment.

**Pour les 12-18 mois**

Proposez une rondelle de roulé hachée grossièrement, accompagnée d'une purée de légumes (150 g).

**Pour les adultes**

Servez les escalopes farcies avec le riz et le restant de roquette. Saupoudrez d'échalote et de pignons. Arrosez d'un filet de jus de citron et d'huile d'olive. Salez et poivrez.

**Pour les 18 mois à 3 ans**

Servez ⅓ escalope farcie coupée en petits dés et arrosée d'un filet d'huile d'olive et de citron, accompagnée de 5 cuillerées à soupe de riz (100 g), sans sel ni poivre. Décorez de quelques pignons.

# PATATE DOUCE GARNIE DE LÉGUMES, MOZZA ET JAMBON

**POUR 4 PERSONNES**
**PRÉPARATION** 15 MIN
**CUISSON** 45 MIN

- ✘ 2 patates douces
- ✘ 2 carottes
- ✘ 1 courgette
- ✘ 1 oignon rouge
- ✘ 250 g de mozzarella
- ✘ 2 tranches de jambon blanc
- ✘ 1 botte de basilic
- ✘ Huile d'olive
- ✘ Sel, poivre

**1.** Préchauffez le four à 180 °C (th. 6). Épluchez les patates douces, les carottes, la courgette et l'oignon. Coupez les patates douces en deux. Coupez en petits morceaux les carottes, la courgette, l'oignon et la mozzarella. Ciselez le basilic.

**2.** Disposez les patates douces dans un plat, répartissez les petits légumes autour. Versez 2 verres d'eau au fond du plat, arrosez d'un filet d'huile d'olive et enfournez pour 40 minutes.

**3.** Déposez les petits légumes sur les patates douces et recouvrez de mozzarella et de jambon. Enfournez 5 minutes supplémentaires. Parsemez de basilic haché à la sortie du four.

### Pour les 12-18 mois

Proposez à l'enfant une tranche épaisse de patate douce telle que proposée aux adultes accompagnée de 3 cuillerées à soupe de légumes (60 g). Hachez au couteau si besoin.

### Pour les 6-12 mois

Mixez 5 cuillerées à soupe de patate douce cuite à l'eau (100 g) avec 2 cuillerée à soupe de légumes (40 g) et 1 cuillerée à café de jambon blanc (10 g).

### Pour les adultes

Servez les patates douces garnies avec un peu de sel et de poivre.

### Pour les 18 mois à 3 ans

Coupez en morceaux 9 cuillerées à soupe de patate douce, légumes, mozzarella (180 g) avec 1,5 cuillerée à soupe de jambon blanc (30 g) et une pincée de basilic.

# **POULET** OLIVES ET CÉLERI

**POUR 4 PERSONNES**
**PRÉPARATION** 8 MIN
**CUISSON** 10 MIN

- 3 gros blancs de poulet
- 100 g d'olives vertes
- 400 g de céleri branche
- 1 carotte
- 1 citron bio bien frotté
- 2 cuil. à soupe rases d'herbes de Provence
- 200 g de semoule
- Huile d'olive
- Sel, poivre

**1.** Versez sur la semoule le volume équivalent d'eau bouillante salée et couvrez.

**2.** Épluchez la carotte, émincez finement le citron. Taillez le poulet, le céleri et la carotte en morceaux.

**3.** Faites cuire la carotte dans une casserole avec un fond d'eau pendant 10 minutes. Il ne doit plus rester d'eau à la fin de la cuisson.

**4.** Faites revenir le céleri à la poêle pendant 5 minutes dans un fond d'eau avec un filet d'huile d'olive. Ajoutez le poulet, les olives, le citron et les herbes de Provence dans la poêle. Prolongez la cuisson de 5 minutes.

### *Pour les 6-12 mois*

Mixez 5 cuillerées à soupe de carotte (100 g), 2,5 cuillerées à soupe de semoule (50 g) et 1 cuillerée à café de poulet (10 g).

### *Pour les 12-18 mois*

Hachez au couteau 5 cuillerées à soupe de carotte (100 g), 2 cuillerées à soupe de céleri (40 g), 2,5 cuillerées à soupe de semoule (50 g) et 1 cuillerée à soupe de poulet (20 g).

### *Pour les 18 mois à 3 ans*

Coupez en morceaux et mélangez 5 cuillerées à soupe de carotte (100 g), 2 cuillerées à soupe de céleri (40 g), 2,5 cuillerées à soupe de semoule (50 g) et 1,5 cuillerée à soupe de poulet (30 g).

### *Pour les adultes*

Servez le poulet aux olives et au citron avec le céleri et la semoule. Salez, poivrez et arrosez d'un filet d'huile d'olive.

# NOUILLES SAUTÉES POULET GINGEMBRE

**POUR 4 PERSONNES**
**PRÉPARATION** 15 MIN
**CUISSON** 5 MIN

- ✘ 400 g de nouilles chinoises
- ✘ 500 g de filet de poulet
- ✘ 1 morceau de 5 cm de gingembre frais
- ✘ 5 carottes
- ✘ 2 oignons fanes
- ✘ 3 gousses d'ail
- ✘ 5 cl de sauce soja
- ✘ Huile d'olive
- ✘ Sel, poivre

**En + pour bébé :**

- ✘ 1 pomme de terre vapeur

**1.** Coupez le poulet en morceaux. Épluchez et râpez le gingembre et l'ail. Émincez les oignons. Épluchez et râpez l'ail. Épluchez et émincez les carottes.

**2.** Faites cuire les nouilles chinoises dans une casserole d'eau bouillante pendant 1 minute. Plongez les carottes dans une autre casserole d'eau bouillante et faites-les cuire 5 minutes. Prolongez de 5 minutes la cuisson des carottes destinées à l'enfant et égouttez le reste.

**3.** Faites revenir le poulet, les deux tiers des oignons et l'ail avec un filet d'huile pendant 5 minutes.

### Pour les 12-18 mois

Hachez au couteau 6 cuillerées à soupe de carotte cuite à l'eau (120 g) avec 2,5 cuillerées à soupe de nouilles (50 g) 1 cuillerée à soupe de poulet (20 g) et 1 cuillerée à soupe d'huile d'olive.

### Pour les 6-12 mois

Mixez 6 cuillerées à soupe de carotte cuite à l'eau (120 g), 1 cuillerée à café de poulet cuit (10 g), 1 pomme de terre vapeur (50 g) et 1 cuillerée à café d'huile d'olive.

### Pour les adultes

Mélangez les nouilles, le poulet, les carottes, le gingembre, les oignons crus et la sauce soja.

### Pour les 18 mois à 3 ans

Coupez en morceaux et mélangez 5 cuillerées à soupe de carotte cuite à l'eau (100 g), 5 cuillerées à soupe de nouilles (100 g) et 2 cuillerées à soupe de poulet avec les oignons cuits (40 g).

# **CURRY** DE BŒUF

**POUR 4 PERSONNES**
**PRÉPARATION** 10 MIN
**CUISSON** 10 MIN

- 500 g de filet de bœuf
- 40 g de pâte de curry
- 1 oignon blanc
- 2 courgettes
- 30 cl de lait de coco
- ½ botte de coriandre
- Huile d'olive
- Sel

**En + pour bébé :**

- 1/2 patate douce à la vapeur

**1.** Épluchez et émincez finement l'oignon. Taillez les courgettes, si elles ne sont pas bio épluchez-les, et coupez le bœuf en gros morceaux. Ciselez la coriandre.

**2.** Faites cuire les courgettes dans un fond d'eau pendant 7 minutes. Il ne doit plus y avoir d'eau à la fin de la cuisson.

**3.** Faites revenir l'oignon avec un filet d'huile d'olive et du sel pendant 4 minutes. Ajoutez le bœuf et prolongez la cuisson de 2 minutes.

**4.** Versez le lait de coco et faites mijoter 3 minutes.

### Pour les 6-12 mois

Mixez 4 cuillerées à soupe de courgette (80 g), 1 cuillerée à café de bœuf (10 g) avec 1 cuillerée à soupe de lait de coco. Servez avec 100 g de patate douce écrasée nappée d'1 cuillerée à café d'huile d'olive.

### Pour les 12-18 mois

Hachez au couteau 5 cuillerées à soupe de courgette (100 g), 1 cuillerée à soupe de bœuf (20 g) avec 1 cuillerée à soupe de lait de coco. Parsemez de coriandre si votre enfant l'apprécie et servez avec de la patate douce (50 g) écrasée avec 1 cuillerée à café d'huile d'olive.

### Pour les 18 mois à 3 ans

Servez la même assiette que la tranche d'âge précédente, en ajoutant 2 cuillerée à café d'huile d'olive et, si votre enfant l'apprécie, une pointe de pâte de curry dans la sauce.

### Pour les adultes

Mélangez les courgettes avec la viande, la pâte de curry et du sel. Saupoudrez de coriandre.

# POULET GRILLÉ AUX TOMATES

**POUR 4 PERSONNES**
**PRÉPARATION** 5 MIN
**CUISSON** 20 MIN

- ✘ 4 cuisses de poulet
- ✘ 800 g de tomates cerises
- ✘ 1 oignon jaune
- ✘ 4 gousses d'ail
- ✘ 1 branche de romarin
- ✘ 200 g de riz de Camargue
- ✘ 30 g de beurre
- ✘ Huile d'olive
- ✘ Sel, poivre

**1.** Faites revenir les cuisses de poulet dans une poêle avec le beurre et un filet d'huile pendant 15 minutes. Ajoutez les tomates et prolongez la cuisson de 5 minutes.

**2.** Épluchez et hachez l'oignon et l'ail. Faites-les mijoter avec un fond d'eau et un filet d'huile d'olive pendant 15 minutes.

**3.** Faites cuire le riz dans une casserole d'eau bouillante pendant 15 minutes puis égouttez-le.

**4.** Effeuillez et hachez le romain.

***Pour les 12-18 mois***

Hachez au couteau 5 cuillerées à soupe de tomates bien cuites (100 g), 3 à 4 cuillerées à soupe de riz cuit (70 g), 1 cuillerée à soupe de poulet (20 g) et 1 cuillerée à café d'oignon (10 g).

***Pour les adultes***

Salez, poivrez et servez le poulet avec le riz, les oignons et les tomates. Saupoudrez de romarin.

***Pour les 18 mois à 3 ans***

Servez 6 cuillerées à soupe de tomates bien cuites (120 g), 4 cuillerées à soupe de riz cuit (70 g), 1,5 cuillerée à soupe de poulet coupé en petits dés (30 g) et 1 cuillerée à café d'oignon (10 g).

# BŒUF CHIMICHURRI, MAÏS GRILLÉ

**POUR 4 PERSONNES**
**PRÉPARATION** 15 MIN
**CUISSON** 15 MIN

- ✘ 4 bavettes de bœuf de 150 g
- ✘ 300 g de grains de maïs cuits
- ✘ 100 g de petits pois frais écossés ou surgelés
- ✘ 1 échalote
- ✘ 2 gousses d'ail
- ✘ 1 botte de coriandre
- ✘ 3 cuil. à soupe de vinaigre de vin
- ✘ 1 cuil. à café rase de piment de Cayenne
- ✘ Huile d'olive
- ✘ Sel, poivre

**1.** Épluchez l'échalote et l'ail. Hachez la coriandre et mettez-en une pincée de côté. Mixez les échalotes, l'ail, la coriandre, le vinaigre, le piment et 3 cuillerées à soupe d'huile d'olive.

**2.** Faites griller le maïs à la poêle avec un filet d'huile d'olive, du sel et du poivre pendant 5 minutes. Faites cuire les petits pois 5 minutes dans un grand volume d'eau bouillante puis égouttez.

**3.** Dans une poêle, faites cuire le bœuf 3 minutes sur chaque face avec un filet d'huile d'olive.

### Pour les adultes

Servez les bavettes et le maïs recouverts de sauce chimichurri. Salez et poivrez.

### Pour les 6-12 mois

Mixez 3 cuillerées à soupe de petits pois (60 g), 3 cuillerées à soupe de maïs (60 g) et 1 cuillerée à café de bœuf bien cuit (10 g).

### Pour les 12-18 mois

Écrasez 5 cuillerées à soupe de petits pois (100 g), 2 cuillerées à soupe de maïs (40 g) et 1 cuillerée à soupe de bœuf bien cuit (20 g). Mélangez avec une pincée de coriandre.

### Pour les 18 mois à 3 ans

Coupez en morceaux 1,5 cuillerée à soupe de bœuf bien cuit (30 g) et servez avec 5 cuillerées à soupe de petits pois (100 g), 4 cuillerées à soupe de maïs (80 g) et une pincée de coriandre.

# PÂTES À LA MOZZARELLA, CANARD EN SAUCE

**POUR 4 PERSONNES**
**PRÉPARATION** 10 MIN
**CUISSON** 15 MIN

- 400 g de pâtes
- 250 g de mozzarella
- 1 magret de canard
- 150 g de petits pois
- 1 oignon jaune
- 3 gousses d'ail
- 4 branches de thym
- 1 feuille de laurier
- 5 cl de vinaigre balsamique
- 6 cuil. à soupe de miel
- Huile d'olive
- Sel, poivre

**1.** Faites cuire les pâtes dans une casserole d'eau bouillante le temps indiqué sur le paquet.

**2.** Épluchez et hachez l'oignon et l'ail. Faites-les mijoter avec un fond d'eau et un filet d'huile d'olive pendant 15 minutes.

**3.** Faites cuire les petits pois dans une casserole d'eau pendant 10 minutes. Égouttez-les.

**4.** Coupez le magret et la mozzarella en morceaux. Effeuillez le thym. Faites revenir le canard avec la moitié du thym et le laurier pendant 10 minutes sans matière grasse ajoutée. À côté, faites bouillir le vinaigre avec le miel pendant 2 minutes.

### Pour les adultes

Servez les pâtes avec le canard, la mozzarella, les petits pois, le thym restant, les oignons et arrosez de la sauce balsamique.

### Pour les 12-18 mois

Hachez au couteau 4 cuillerées à soupe de petits pois (80 g), 3 cuillerées à soupe de pâtes (60 g), 1 cuillerée à soupe de magret (20 g), 2 ou 3 petits dés de mozzarella et 1 cuillerée à café d'oignon (10 g).

### Pour les 6-12 mois

Mixez 7 cuillerées à soupe de petits pois (140 g) et 1 cuillerée à café de magret (10 g) avec 1 cuillerée à café d'huile d'olive.

### Pour les 18 mois à 3 ans

Coupez en morceaux et mélangez 3 cuillerées à soupe de petits pois (60 g), 3 cuillerées à soupe de pâtes (60 g), 1,5 cuillerée à soupe de magret (30 g) et 1 cuillerée à café d'oignon (10 g). Servez avec 2 ou 3 petits dés de mozzarella.

# **PÂTES** BOLOGNAISES

**POUR 4 PERSONNES**
**PRÉPARATION** 5 MIN
**CUISSON** 15 MIN

- ✘ 200 g de viande de bœuf hachée
- ✘ 400 g de pâtes type linguine ou spaghetti
- ✘ 20 cl de pulpe de tomate en boîte sans sel (type Jardin Bio©)
- ✘ 300 g de tomates cerises
- ✘ 1 oignon rouge
- ✘ 3 gousses d'ail
- ✘ 2 cuil. à soupe rases d'origan en poudre
- ✘ Parmesan pour servir
- ✘ Huile d'olive
- ✘ Sel, poivre

**1.** Faites cuire les pâtes dans une grande casserole d'eau le temps indiqué sur le paquet. Égouttez-les.

**2.** Épluchez et hachez l'oignon et l'ail.

**3.** Faites revenir à la poêle l'oignon et l'ail dans un filet d'huile d'olive pendant 5 minutes. Ajoutez la viande de bœuf, les tomates cerises, la pulpe de tomate et l'origan. Prolongez la cuisson de 10 minutes.

### Pour les adultes

Servez les pâtes avec la sauce bolognaise. Salez et poivrez. Servez agrémenté de parmesan râpé.

### Pour les 12-18 mois

Proposez à bébé 1 à 2 cuillerées à soupe de pâtes (40 g, cuisson fondante) coupées en petits morceaux, accompagnées d'un peu de sauce tomate à la viande (40 g) éventuellement mixée s'il n'aime pas les morceaux, et d'½ cuillerée à café de parmesan.

### Pour les 18 mois à 3 ans

Servez 7 cuillerées à soupe (140 g) du plat destiné aux adultes, coupé en morceaux, agrémenté d'½ cuillerée à café de parmesan et assaisonné avec modération.

# **SOUPE** DE POULET THAÏ

**POUR 4 PERSONNES**
**PRÉPARATION** 15 MIN
**CUISSON** 7 MIN

- ✘ 400 g de filet de poulet
- ✘ 40 cl de lait de coco
- ✘ 250 g de petits pois
- ✘ 100 g de champignons de Paris
- ✘ 100 g de vermicelles de riz
- ✘ 1 citron vert
- ✘ 1 morceau de 5 cm de gingembre frais
- ✘ 3 tiges de cive
- ✘ 2 bâtons de citronnelle
- ✘ 1 morceau de piment frais
- ✘ 5 cl de sauce soja
- ✘ 5 cl de sauce nuoc-mâm
- ✘ ½ botte de coriandre
- ✘ Huile d'olive
- ✘ Sel

**1.** Coupez le poulet en morceaux. Épluchez et hachez le gingembre et la citronnelle. Émincez les champignons et la cive. Ciselez la coriandre. Hachez le piment.

**2.** Faites cuire les petits pois dans une casserole d'eau bouillante pendant 7 minutes. Égouttez-les.

**3.** Dans une casserole, faites revenir le poulet et les champignons avec un filet d'huile d'olive.

**4.** Ajoutez le lait de coco, les vermicelles et 80 cl d'eau. Faites mijoter 5 minutes.

### *Pour les 6-12 mois*

Mixez 6 cuillerées à soupe de petits pois (120 g), 2 cuillerées à soupe de vermicelles (40 g), 1 cuillerée à café de poulet (10 g) et 1 cuillerée à café d'huile d'olive.

### *Pour les 12-18 mois*

Hachez au couteau 4 cuillerées à soupe de petits pois (80 g), 3 cuillerées à soupe de vermicelles (60 g) et 1 cuillerée à soupe de poulet (20 g).

### *Pour les adultes*

Versez dans le bouillon les petits pois, le gingembre, la citronnelle, la cive, la coriandre, la sauce soja, le nuoc-mâm et le piment frais, pressez le citron sur le tout.

### *Pour les 18 mois à 3 ans*

Coupez en morceaux et mélangez 4 cuillerées à soupe de petits pois (80 g), 3 cuillerées à soupe de vermicelles (60 g) et 1,5 cuillerée à soupe de poulet (30 g).

# POULET GINGEMBRE CITRONNELLE

**POUR 4 PERSONNES**
**PRÉPARATION** 10 MIN
**CUISSON** 10 MIN

- ✘ 3 gros blancs de poulet
- ✘ 3 poireaux
- ✘ 3 tiges de citronnelle
- ✘ 30 g de gingembre frais
- ✘ 1 citron
- ✘ 1 branche d'estragon
- ✘ Huile d'olive
- ✘ Sel, poivre

**En + pour bébé :**

✘ ½ patate douce vapeur

**1.** Épluchez les poireaux, la citronnelle et le gingembre. Émincez les poireaux puis hachez la citronnelle et le gingembre.

**2.** Faites cuire les poireaux pendant 10 minutes dans une casserole avec un fond d'eau. Il ne doit plus rester d'eau à la fin de la cuisson.

**3.** Faites revenir la citronnelle et le gingembre dans une poêle avec un filet d'huile d'olive pendant 4 minutes.

**4.** Débarrassez et faites revenir le poulet pendant 5 minutes avec un filet d'huile d'olive. Déglacez en pressant le citron dans la poêle.

**Pour les 12-18 mois**

Hachez au couteau 6 cuillerées à soupe de poireau (120 g), 1 cuillerée à soupe de poulet (20 g) et mélangez avec 1 cuillerée à café d'oignon (10 g), et 50 g de patate douce écrasée avec 1 cuillerée à café d'huile d'olive.

**Pour les 6-12 mois**

Mixez 3 cuillerées à soupe de poireau (60 g), 1 cuillerée à café de poulet (10 g) et quelques cubes de patate douce. Ajoutez 1 cuillerée à café d'huile d'olive.

**Pour les adultes**

Servez le poulet avec le poireau, la citronnelle et le gingembre. Salez, poivrez et parsemez d'estragon. Vous pouvez accompagner de riz de Camargue.

**Pour les 18 mois à 3 ans**

Coupez en morceaux 7 cuillerées à soupe de poireau (140 g), 1,5 cuillerée à soupe de poulet (30 g) et mélangez avec 1 cuillerée à café d'oignon (10 g). Accompagnez de 50 g de patate douce écrasée avec 1 cuillerée à café d'huile d'olive.

# MIJOTÉ D'AGNEAU ET POIS CHICHES AUX HERBES

**POUR 4 PERSONNES**
**PRÉPARATION** 15 MIN
**CUISSON** 30 MIN

- ✘ 800 g d'agneau dans l'épaule
- ✘ 800 g de pois chiches cuits au naturel
- ✘ ½ botte de persil
- ✘ ½ botte de ciboulette
- ✘ ½ botte de basilic
- ✘ 2 oignons jaunes
- ✘ 4 gousses d'ail
- ✘ 1 cuil. à café de poudre de cumin
- ✘ 1 cuil. à café de paprika
- ✘ Huile d'olive
- ✘ Sel, poivre

**En + pour bébé :**

- ✘ 1 purée de légumes maison (voir page 16)

**1.** Préchauffez le four à 180 °C (th. 6).

**2.** Épluchez et hachez l'oignon et l'ail. Émincez le persil, la ciboulette et le basilic.

**3.** Disposez dans un plat l'agneau, les pois chiches, l'oignon, l'ail, le cumin et un fond d'eau. Arrosez d'un filet d'huile d'olive et enfournez pour 30 minutes.

### *Pour les 12-18 mois*

Proposez à bébé 1 cuillerée à soupe de viande hachée au couteau et accompagnez d'une purée de légumes (150 g) car les pois chiches sont peu digestes.

### *Pour les 18 mois à 3 ans*

Servez 1,5 cuillerée à soupe de viande (30 g) et 1 cuillerée à café d'oignon (10 g). Accompagnez d'une purée de légumes (200 g) car les pois chiches sont peu digestes.

### *Pour les adultes*

Salez, poivrez et ajoutez des herbes et du paprika.

# POÊLÉE DE POULET AUX HARICOTS

**POUR 4 PERSONNES**
**PRÉPARATION** 8 MIN
**CUISSON** 10 MIN

- ✘ 3 gros blancs de poulet
- ✘ 600 g de haricots verts
- ✘ 1 oignon
- ✘ 1 cuil. à soupe rase de ras el-hanout
- ✘ ½ citron bio bien frotté
- ✘ ½ botte de coriandre
- ✘ Huile d'olive
- ✘ Sel

**En + pour bébé :**

- ✘ 1 pomme de terre vapeur

**1.** Taillez les blancs de poulet en petits morceaux. Épluchez et émincez finement l'oignon. Coupez le ½ citron en tranches fines. Ciselez la coriandre.

**2.** Faites cuire les haricots verts pendant 7 minutes dans une casserole d'eau bouillante. Égouttez-les.

**3.** Faites revenir les oignons avec un filet d'huile d'olive pendant 2 minutes. Ajoutez le poulet, un fond d'eau, les tranches de citron et prolongez la cuisson de 8 minutes.

### Pour les 12-18 mois

Hachez au couteau 3 cuillerées à soupe de haricots (60 g), 1 cuillerée à soupe de poulet (20 g) et mélangez avec 1 cuillerée à café d'oignon (10 g) et 100 g de pomme de terre vapeur. Agrémentez de coriandre et d'1 cuillerée à café d'huile d'olive.

### Pour les 6-12 mois

Mixez 3 cuillerées à soupe de haricots verts (60 g), 1 cuillerée à café de poulet (10 g), 50 g de pomme de terre cuite à la vapeur et 1 cuillerée à café d'huile d'olive.

### Pour les adultes

Servez le poulet et les haricots verts. Agrémentez de ras el-hanout, de coriandre et d'un filet d'huile d'olive.

### Pour les 18 mois à 3 ans

Coupez en morceaux 7 cuillerées à soupe de haricots (140 g), 1,5 cuillerée à soupe de poulet (30 g) et mélangez avec 1 cuillerée à café d'oignon (10 g). Agrémentez de coriandre et d'1,5 cuillerée à soupe d'huile d'olive.

# GIGOT D'AGNEAU AUX FÈVES

**POUR 4 PERSONNES**
**PRÉPARATION** 15 MIN
**CUISSON** 15 MIN

- 800 g d'agneau dans le gigot
- 600 g de fèves pelées (fraîches ou surgelées)
- 2 oignons jaunes
- 4 gousses d'ail
- ½ botte de coriandre
- Huile d'olive
- Sel, poivre

**En + pour bébé :**

- 1 purée de légumes maison (voir page 16)

**1.** Coupez l'agneau en morceaux. Épluchez et hachez l'oignon et l'ail. Ciselez la coriandre.

**2.** Dans une grande casserole bien chaude, versez l'agneau, les fèves, les oignons, l'ail et un filet d'huile d'olive.

**3.** Faites mijoter 5 minutes. Ajoutez ½ verre d'eau et prolongez la cuisson de 10 minutes. Saupoudrez de coriandre à la fin de la cuisson.

### Pour les 12-18 mois

Proposez à bébé 1 cuillerée à soupe de viande hachée (20 g) avec une purée de légumes (150 g) en accompagnement, car les fèves sont peu digestes.

### Pour les adultes

Salez, poivrez et servez le tout.

### Pour les 18 mois à 3 ans

Servez 3 cuillerées à soupe de fèves (60 g) avec 1,5 cuillerée à soupe de viande (30 g) et 1 cuillerée à café d'oignon (8 g) et complétez avec 3 cuillerées à soupe d'une purée de légumes (60 g).

# **POULET** À L'ESTRAGON

**POUR 4 PERSONNES**
**PRÉPARATION** 10 MIN
**CUISSON** 10 MIN

- ✘ 3 gros blancs de poulet
- ✘ 8 carottes
- ✘ 1 oignon jaune
- ✘ 2 gousses d'ail
- ✘ ½ botte d'estragon
- ✘ 1 cuil. à soupe de farine
- ✘ 1 cube de bouillon de légumes bio
- ✘ Huile d'olive
- ✘ Sel, poivre

**En + pour bébé :**

- ✘ 1 pomme de terre vapeur

**1.** Taillez le poulet en morceaux et saupoudrez-le de farine. Épluchez les carottes, l'ail et l'oignon.

**2.** Émincez l'oignon, l'ail et coupez les carottes en petits morceaux. Ciselez l'estragon.

**3.** Faites cuire les carottes 10 minutes dans une casserole d'eau bouillante. Égouttez-les.

**4.** Faites revenir l'ail et l'oignon dans une poêle avec un filet d'huile d'olive pendant 5 minutes. Ajoutez le poulet, laissez-le dorer puis ajoutez le cube de bouillon de légumes et un verre d'eau. Faites mijoter 5 minutes.

### Pour les 12-18 mois

Hachez au couteau 4 cuillerées à soupe de carotte (80 g), 1 cuillerée à soupe de poulet (20 g) et mélangez avec 1 cuillerée à café d'oignon (10 g). Parsemez d'estragon et si l'enfant accepte les morceaux proposez une pomme de terre vapeur cuite en dés (50 g).

### Pour les 6-12 mois

Mixez 3 cuillerées à soupe de carotte (60 g), 1 cuillerée à café de poulet (10 g) et une grosse pomme de terre cuite à la vapeur (90 g) avec 1 cuillerée à café d'huile d'olive.

### Pour les adultes

Servez le poulet avec les carottes. Salez, poivrez et saupoudrez d'estragon.

### Pour les 18 mois à 3 ans

Coupez en morceaux 7 cuillerées à soupe de carotte (140 g), 1,5 cuillerée à soupe de poulet (30 g) et mélangez avec 1 cuillerée à café d'oignon (10 g). Parsemez d'estragon.

# PLATS DE POISSON

# BRANDADE DE CABILLAUD

**POUR 4 PERSONNES**
**PRÉPARATION** 15 MIN
**CUISSON** 20 MIN

- 700 g de cabillaud
- 900 g de pommes de terre
- 20 cl de lait entier
- 4 gousses d'ail
- 1 citron jaune
- ½ botte de persil
- Huile d'olive
- Sel, poivre

**1.** Épluchez les pommes de terre et coupez-les en morceaux. Faites-les cuire dans une casserole d'eau bouillante pendant 20 minutes avant de les égoutter. Mettez de côté les pommes de terre pour bébé et écrasez le reste avec le lait. Ciselez le persil.

**2.** Épluchez l'ail. Faites revenir le cabillaud avec l'ail et un filet d'huile pendant 6 minutes. Retournez les filets à mi-cuisson.

**3.** Écrasez l'ail. Râpez et pressez le citron.

**Pour les 12-18 mois**

Hachez au couteau 1 cuillerée à soupe du poisson cuit pour les adultes (20 g) et mélangez avec 7 cuillerées à soupe de purée (140 g), une pincée de persil et quelques gouttes de jus de citron.

**Pour les 6-12 mois**

Mixez 1 cuillerée à café de poisson bien cuit (10 g) avec 6 cuillerées à soupe de purée (120 g). Fluidifiez si besoin avec du lait entier.

**Pour les adultes**

Mélangez le poisson avec la purée, l'ail, du sel et du poivre. Servez la brandade avec une pincée de zestes et un filet de jus de citron. Saupoudrez de persil ciselé.

**Pour les 18 mois à 3 ans**

Coupez en morceaux 1,5 cuillerée à soupe de poisson (30 g) et servez avec 8 cuillerées à soupe de purée (160 g), ¼ de gousse d'ail, une pincée de persil et quelques gouttes de jus de citron.

# ROUGETS AUX LÉGUMES ET TAPENADE

**POUR 4 PERSONNES**
**PRÉPARATION** 10 MIN
**CUISSON** 15 MIN

- ✘ 8 filets de rouget sans arêtes
- ✘ 2 carottes
- ✘ 1 courgette
- ✘ 1 navet
- ✘ 2 branches de cive
- ✘ 2 branches de thym
- ✘ 1 cuil. à café de cumin en grains
- ✘ 80 g de tapenade
- ✘ 200 g de riz de Camargue
- ✘ Huile d'olive
- ✘ Sel, poivre

**1.** Faites cuire le riz dans une casserole d'eau bouillante pendant 15 minutes avant de l'égoutter.

**2.** Épluchez les carottes, la courgette et le navet et coupez-les en morceaux. Effeuillez le thym. Émincez la cive.

**3.** Dans une poêle, faites revenir les carottes, courgettes et navets pendant 15 minutes dans un filet d'huile d'olive.

**4.** Dans une autre poêle, faites cuire les filets de rouget avec un filet d'huile pendant 2 minutes.

### Pour les 12-18 mois

Hachez au couteau 5 cuillerées à soupe de légumes cuits (100 g) avec 2,5 cuillerées à soupe de riz cuit (50 g) et 1 cuillerée à soupe de poisson (20 g).

### Pour les 6-12 mois

Mixez 4 cuillerées à soupe de légumes cuits (80 g) avec 2,5 cuillerées à soupe de riz cuit (50 g), 1 cuillerée à café de poisson (10 g) et 1 cuillerée à café d'huile d'olive. Si bébé n'aime pas la texture du riz, remplacez-le par quelques dés de pomme de terre cuite à la vapeur.

### Pour les adultes

Mélangez les légumes avec le riz, le thym et le cumin. Salez et poivrez. Servez le poisson avec le riz, la cive et la tapenade.

### Pour les 18 mois à 3 ans

Coupez en morceaux et mélangez 5 cuillerées à soupe de légumes cuits (100 g) avec 2,5 cuillerées à soupe de riz cuit (50 g) et 1,5 cuillerée à soupe de poisson (30 g). Mélangez les légumes et le riz, saupoudrez d'une pointe de cumin et déposez une pointe de couteau de tapenade sur le poisson émietté.

150
180
210
240 ML

# SALADE NIÇOISE

**POUR 4 PERSONNES**
**PRÉPARATION** 10 MIN
**CUISSON** 15 MIN

- ✘ 500 g de pommes de terre
- ✘ 150 g de thon ou d'anchois marinés à l'huile d'olive
- ✘ 200 g de tomates cerises
- ✘ 2 poignées de haricots verts
- ✘ 2 échalotes
- ✘ 4 œufs
- ✘ 2 cuil. à soupe de câpres
- ✘ 1 cuil. à soupe d'herbes de Provence
- ✘ ½ botte de basilic
- ✘ Huile d'olive
- ✘ Sel, poivre

**1.** Épluchez les pommes de terre et coupez-les en morceaux. Plongez-les dans une casserole d'eau. Portez à ébullition et faites cuire pendant 7 minutes. Ajoutez les haricots verts et prolongez la cuisson de 8 minutes. Égouttez le tout.

**2.** Plongez les œufs pendant 11 minutes dans une casserole d'eau bouillante. Égouttez et écalez les œufs. Coupez-les en quatre.

**3.** Coupez les tomates cerises en deux. Épluchez et émincez les échalotes. Ciselez le basilic.

### *Pour les 12-18 mois*

Hachez au couteau 3 cuillerées à soupe de haricots verts (60 g), 2,5 cuillerées à soupe de pomme de terre (50 g) et 1 cuillerée à soupe de thon (20 g). Mélangez avec une pincée de basilic et 1 cuillerée à soupe d'huile et quelques tomates cerises coupées en quatre si bébé les apprécie.

### *Pour les 18 mois à 3 ans*

Coupez en morceaux et mélangez 4 cuillerées à soupe de haricots verts (80 g), 3 cuillerées à soupe de pomme de terre (60 g) et 1,5 cuillerée à soupe de thon (30 g). Mélangez avec une pincée de basilic, 1 cuillerée à soupe d'huile d'olive, quelques câpres et quelques tomates cerises coupées en deux.

### *Pour les adultes*

Mélangez les pommes de terre et les haricots verts, le thon, les tomates cerises, les échalotes, les œufs, les câpres, les herbes de Provence et le basilic. Salez et poivrez.

# **PÂTES** AU SAUMON

**POUR 4 PERSONNES**
**PRÉPARATION** 10 MIN
**CUISSON** 10 MIN

- ✘ 500 g de petites pâtes de votre choix (tortis, coquillettes...)
- ✘ 150 g de filet de saumon
- ✘ 300 g de petits pois
- ✘ 100 g de chèvre frais
- ✘ 1 cuil. à soupe de câpres au vinaigre
- ✘ ½ botte de ciboulette
- ✘ Huile d'olive
- ✘ Sel, poivre

**En + pour bébé :**

- ✘ 1 pomme de terre vapeur

**1.** Faites cuire les pâtes dans une casserole d'eau bouillante le temps indiqué sur le paquet avant de les égoutter.

**2.** Faites cuire les petits pois dans une autre casserole d'eau pendant 5 minutes. Égouttez-les.

**3.** Coupez le saumon et le chèvre en petits morceaux. Ciselez la ciboulette. Râpez et pressez le citron.

### Pour les 6-12 mois

Mixez 5 cuillerées à soupe de petits pois (100 g) avec 1 cuillerée à soupe de saumon cuit à l'eau (20 g). Ajoutez 1 petite pomme de terre cuite à la vapeur et 1 cuillerée à café d'huile.

### Pour les 12-18 mois

Écrasez à la fourchette 5 cuillerées à soupe de petits pois (100 g) avec 2,5 cuillerées à soupe de pâtes cuites (50 g) et 1 cuillerée à soupe de saumon cuit à l'eau (20 g). Proposez ½ cuillerée à café de fromage de chèvre, un brin de ciboulette émincé et 1 cuillerée à café d'huile d'olive.

### Pour les adultes

Mélangez les pâtes avec le saumon, les petits pois, les câpres, le chèvre et la ciboulette. Salez, poivrez et arrosez d'un filet d'huile d'olive.

### Pour les 18 mois à 3 ans

Mélangez 7 cuillerées à soupe de petits pois (140 g) avec 4 cuillerées à soupe de pâtes (80 g) et 1,5 cuillerée à soupe de saumon cuit à l'eau (30 g). Saupoudrez d'un peu de ciboulette et nappez d'1 cuillerée à café d'huile d'olive.

# DAUDRADE ET PATATE DOUCE AU GINGEMBRE

**POUR 4 PERSONNES**
**PRÉPARATION** 15 MIN
**CUISSON** 20 MIN

- ✗ 4 filets de daurade
- ✗ 2 patates douces
- ✗ 1 oignon rouge
- ✗ 2 gousses d'ail
- ✗ 2 branches de thym
- ✗ 1 morceau de 5 cm de gingembre frais
- ✗ 1 cuil. à café de cumin en grains
- ✗ ⅓ de botte de coriandre
- ✗ Huile d'olive
- ✗ Sel, poivre

**1.** Épluchez la patate douce, l'oignon, l'ail et le gingembre. Coupez la patate douce en morceaux. Émincez l'oignon et l'ail. Râpez le gingembre. Ciselez la coriandre.

**2.** Faites cuire la patate douce dans une casserole d'eau bouillante pendant 15 minutes. Égouttez-la. Faites cuire l'oignon et l'ail dans une casserole avec un fond d'eau et un filet d'huile pendant 20 minutes.

**3.** Faites dorer la daurade dans une poêle avec un filet d'huile d'olive, le thym et le cumin pendant 5 minutes.

### Pour les 6-12 mois

Mixez 6 cuillerées à soupe de patate douce (120 g) avec 1 cuillerée à café de daurade (10 g) et 1 cuillerée à café d'huile d'olive.

### Pour les 12-18 mois

Hachez au couteau et mélangez 6 cuillerées à soupe de patate douce (120 g) avec 1 cuillerée à soupe de daurade (20 g), 1 cuillerée à café d'oignon, une pincée de coriandre et 2 cuillerées à café d'huile d'olive.

### Pour les 18 mois à 3 ans

Coupez en petits morceaux 6,5 cuillerées à soupe de patate douce (130 g) avec 1,5 cuillerée à soupe de daurade (30 g), 1 cuillerée à café d'oignon (10 g), une pincée de coriandre et 2 cuillerées à café d'huile d'olive.

### Pour les adultes

Servez le poisson avec la patate douce et les oignons. Salez, poivrez puis saupoudrez de gingembre et de coriandre.

# PAPILLOTES DE SAUMON AU POIREAU

**POUR 4 PERSONNES**
**PRÉPARATION** 15 MIN
**CUISSON** 18 MIN

- 4 pavés de saumon
- 1 oignon rouge
- 3 poireaux
- 1 citron jaune
- ½ botte d'aneth
- 1 cuil. à soupe de baies roses
- Beurre
- Huile d'olive
- Sel, poivre

**En + pour bébé :**

- 1 pomme de terre vapeur

**1.** Préchauffez le four à 180 °C (th. 6). Épluchez l'oignon et les poireaux. Émincez les poireaux, l'oignon et l'aneth. Coupez le citron en rondelles.

**2.** Dans une casserole, faites revenir les oignons avec 40 g de beurre pendant 10 minutes. Faites cuire les poireaux dans une casserole avec un fond d'eau pendant 10 minutes. Il ne doit pas rester d'eau à la fin de la cuisson. Mettez de côté la partie la plus blanche pour bébé.

**3.** Répartissez les poireaux et les oignons dans 4 carrés de papier sulfurisé, recouvrez du saumon, des tranches de citron et de l'aneth. Arrosez d'un filet d'huile d'olive.

**4.** Fermez les papillotes, disposez les papillotes sur une plaque et enfournez pour 8 minutes.

### Pour les 6-12 mois

Mixez 2 cuillerées à soupe de poireaux (40 g) avec 1 cuillerée à café de saumon (10 g) et une pincée d'aneth. Accompagnez d'un écrasé de pomme de terre vapeur avec une noix de beurre.

### Pour les 12-18 mois

Hachez au couteau 2 cuillerées à soupe de poireaux (40 g) avec 1 cuillerée à soupe de saumon (20 g) et une pincée d'aneth. Accompagnez d'un écrasé de pomme de terre vapeur avec une noix de beurre.

### Pour les 18 mois à 3 ans

Proposez à l'enfant une moitié de papillote et accompagnez d'un écrasé de pomme de terre vapeur avec une noix de beurre.

### Pour les adultes

Servez les papillotes. Salez, poivrez et saupoudrez de baies roses.

# FISH AND CHIPS

**POUR 4 PERSONNES**
**PRÉPARATION** 15 MIN
**CUISSON** 40 MIN

- ✘ 4 pavés de cabillaud
- ✘ 1,2 kg de pommes de terre
- ✘ ½ botte de romarin
- ✘ 150 g de feta
- ✘ 1 oignon rouge
- ✘ 4 gousses d'ail
- ✘ 40 g de farine
- ✘ 40 g de chapelure
- ✘ 1 œuf
- ✘ Huile de pépins de raisin
- ✘ 2 cuil. à soupe de ketchup
- ✘ 2 cuil. à soupe de mayonnaise
- ✘ Sel, poivre

**En + pour bébé :**

- ✘ 1 purée de légumes maison (voir page 16)
- ✘ 1 cuil. à soupe de sauce tomate maison (voir page 16)

**1.** Préchauffez le four à 200 °C (th. 6-7). Épluchez et coupez les pommes de terre en frites de 1 cm d'épaisseur. Rincez-les et égouttez-les. Effeuillez et hachez le romarin. Concassez la feta.

**2.** Disposez les frites sur une plaque, arrosez d'un filet d'huile de pépins de raisin, puis enfournez pour 40 minutes.

**3.** Cassez et fouettez l'œuf. Plongez les pavés de poisson dans la farine puis dans l'œuf et pour finir dans la chapelure.

**4.** Disposez le poisson sur la plaque des frites et enfournez pour 4 minutes.

### *Pour les 12-18 mois*

Proposez quelques frites et une bouchée de poisson à titre de dégustation. Complétez le repas de bébé avec une purée maison (120 g).

### *Pour les 18 mois à 3 ans*

Proposez à l'enfant une poignée de frites, ⅓ de cabillaud pané et un petit peu de sauce tomate pour remplacer le ketchup.

### *Pour les adultes*

Servez le poisson avec les frites. Saupoudrez de feta et de romarin. Salez et poivrez légèrement. Servez accompagné des sauces.

# **CABILLAUD** ET ÉPINARDS À LA CRÈME

**POUR 4 PERSONNES**
**PRÉPARATION** 15 MIN
**CUISSON** 15 MIN

- 4 pavés de cabillaud de 180 g environ chacun
- 1 kg d'épinards
- 25 cl de crème 5 % MG
- 20 g de parmesan râpé
- 1 oignon rouge
- 2 gousses d'ail
- 1 cuil. à soupe d'origan séché
- Huile d'olive
- Sel, poivre

**En + pour bébé :**

- 1 pomme de terre vapeur

**1.** Équeutez et émincez les épinards. Épluchez et hachez l'oignon et l'ail.

**2.** Faites cuire les épinards dans une casserole d'eau bouillante pendant 5 minutes. Égouttez-les et mettez ceux de bébé de côté.

**3.** Faites revenir l'oignon et l'ail dans une poêle avec un filet d'huile d'olive pendant 5 minutes. Ajoutez le cabillaud, la crème, les épinards et l'origan. Faites mijoter 5 minutes.

### Pour les 6-12 mois

Mixez 3 cuillerées à soupe d'épinards cuits à l'eau (70 g) et 1 cuillerée à café de poisson (10 g). Ajoutez une petite pomme de terre vapeur et 1 cuillerée à café d'huile d'olive.

### Pour les 12-18 mois

Hachez au couteau 4 cuillerées à soupe d'épinards mijotés avec les oignons (80 g). Ajoutez 1 cuillerée à soupe de poisson émietté (20 g), une pomme de terre vapeur écrasée et 1 cuillerée à café d'huile d'olive. Ajoutez ½ cuillerée à café de parmesan.

### Pour les 18 mois à 3 ans

Hachez au couteau 4 cuillerées à soupe d'épinards mijotés avec les oignons (80 g) et 2 cuillerées à soupe de poisson émietté (40 g). Proposez un complément de féculents à votre enfant pour compléter (pomme de terre vapeur, riz…).

### Pour les adultes

Salez, poivrez et arrosez le poisson et les épinards d'un filet d'huile d'olive. Saupoudrez de parmesan.

# PAPILLOTES DE COLIN AUX FÈVES

**POUR 4 PERSONNES**
**PRÉPARATION** 10 MIN
**CUISSON** 13 MIN

- ✘ 4 filets de colin de 170 g chacun
- ✘ 600 g de fèves (fraîches ou surgelées)
- ✘ 12 tomates cerises
- ✘ 4 branches de romarin
- ✘ 1 échalote
- ✘ 1 citron
- ✘ ½ botte de persil
- ✘ Huile d'olive
- ✘ Sel, poivre

**En + pour bébé :**

- ✘ 1 purée de légumes maison (voir page 16)

**1.** Préchauffez le four à 180 °C (th. 6). Coupez les tomates cerises en deux. Taillez la moitié du citron en rondelles. Épluchez et hachez l'échalote. Ciselez le persil.

**2.** Faites cuire les fèves dans une casserole d'eau bouillante pendant 5 minutes. Égouttez-les.

**3.** Disposez les pavés de poisson dans 4 papillotes. Recouvrez les pavés avec les tranches de citron, les tomates cerises, l'échalote et le romarin. Fermez les papillotes, disposez-les sur une plaque et enfournez pour 8 minutes.

### *Pour les 6-12 mois*

Bébé est un peu petit pour les fèves mais il peut manger 1 cuillerée à café de colin (10 g) mixé accompagné d'une purée de légumes (120 g).

### *Pour les 12-18 mois*

Servez à bébé 1 cuillerée à café de colin (10 g) mixé avec une purée de légumes (150 g) et proposez 1 à 2 fèves à titre de découverte.

### *Pour les 18 mois à 3 ans*

Servez 4 cuillerées à soupe de fèves (80 g) avec 2 cuillerées à soupe de tomates cerises coupées en dés (40 g) et 1,5 cuillerée à soupe de poisson (30 g).

### *Pour les adultes*

Servez les papillotes avec les fèves. Salez, poivrez, pressez le citron sur le tout et ajoutez le persil et un filet d'huile d'olive.

# GRATIN DE POLENTA AU PARMESAN, DAURADE CARAMEL GINGEMBRE

**POUR 4 PERSONNES**
**PRÉPARATION** 10 MIN
**CUISSON** 12 MIN

- ✘ 200 g de polenta
- ✘ 4 filets de daurade
- ✘ 1,5 l de lait entier
- ✘ 100 g de parmesan râpé
- ✘ 4 cuil. à soupe de miel
- ✘ 1 morceau de 5 cm de gingembre frais
- ✘ 1 branche de romarin
- ✘ Huile d'olive
- ✘ Sel, poivre

**1.** Préchauffez le four à 180 °C (th. 6). Versez le lait dans une casserole et portez à ébullition.

**2.** Versez la polenta en pluie dans le lait. Faites cuire 4 minutes tout en mélangeant au fouet puis versez dans un plat à gratin.

**3.** Épluchez et râpez le gingembre. Effeuillez et hachez le romarin.

**4.** Saupoudrez le parmesan sur la polenta. Disposez les filets de daurade sur la polenta. Recouvrez le poisson de gingembre, romarin et miel. Enfournez pour 8 minutes.

**Pour les 6-12 mois**

Mixez 4 cuillerées à soupe de polenta (80 g), 1 cuillerée à café de poisson sans les épices (10 g), 1 cuillerée à soupe de carottes cuites (20 g) et 1 cuillerée à café d'huile d'olive.

**Pour les 12-18 mois**

Hachez grossièrement 7 cuillerées à soupe de gratin (140 g) et ajoutez 1 cuillerée à café d'huile d'olive.

**Pour les 18 mois à 3 ans**

Servez 8 cuillerées à soupe de gratin (160 g) et ajoutez 2 cuillerées à café d'huile d'olive.

**Pour les adultes**

Servez le gratin salé et poivré, arrosé d'un filet d'huile d'olive.

# PÂTES SAUCE TOMATE, THON, OLIVE, ROMARIN

**POUR 4 PERSONNES**
**PRÉPARATION** 15 MIN
**CUISSON** 20 MIN

- ✘ 500 g de pâtes de votre choix (plutôt des coquillettes pour les petits)
- ✘ 40 cl de sauce tomate maison (voir page 16) ou de pulpe de tomate sans sel type Jardin bio©
- ✘ 150 g de thon en conserve
- ✘ 20 olives vertes dénoyautées
- ✘ 1 branche de romarin
- ✘ 2 gousses d'ail
- ✘ 20 g de parmesan râpé
- ✘ Huile d'olive
- ✘ Sel, poivre

**1.** Effeuillez le romarin. Épluchez l'ail. Hachez-les et faites-les mijoter avec la pulpe de tomates pendant 20 minutes.

**2.** Faites cuire les pâtes dans une casserole d'eau bouillante le temps indiqué sur le paquet. Égouttez-les.

**3.** Égouttez le thon en conserve et coupez-le en morceaux. Émincez les olives.

**Pour les 12-18 mois**

Écrasez 4 cuillerées à soupe de pâtes petit format (80 g) et 1 cuillerée à soupe de thon (20 g). Mélangez avec 4 cuillerées à soupe de sauce tomate (80 g) puis ajoutez 1 cuillerée à café de parmesan et 1 cuillerée à café d'huile d'olive.

**Pour les adultes**

Mélangez les pâtes avec la passata, le thon, les olives, l'ail et le romarin. Salez, poivrez, arrosez d'un filet d'huile et saupoudrez de parmesan.

**Pour les 18 mois à 3 ans**

Mélangez 5 cuillerées à soupe de pâtes petit format (100 g) avec 1,5 cuillerée à soupe de thon (30 g), 5 cuillerées à soupe de sauce tomate (100 g) puis saupoudrez de romarin et ajoutez un filet d'huile d'olive.

# COLIN RÔTI SAUCE TOMATE BASILIC

**POUR 4 PERSONNES**
**PRÉPARATION** 5 MIN
**CUISSON** 10 MIN

- ✘ 4 pavés de colin
- ✘ 500 g de sauce tomate maison (voir page 16)
- ✘ 400 g de pâtes de votre choix
- ✘ 4 gousses d'ail
- ✘ 1 botte de basilic
- ✘ 1 cuil. à soupe d'origan séché
- ✘ Huile d'olive
- ✘ Sel
- ✘ Poudre de piment

**En + pour bébé :**

- ✘ 100/120 g de pâtes à potage cuites

**1.** Épluchez et hachez l'ail. Ciselez le basilic.

**2.** Faites cuire les pâtes dans une casserole d'eau bouillante salée le temps indiqué sur le paquet. Égouttez-les.

**3.** Dans une poêle antiadhésive ou recouverte de papier sulfurisé, faites revenir le poisson pendant 5 minutes avec un filet d'huile d'olive. Retournez les morceaux à mi-cuisson.

**4.** Versez dans la poêle la sauce tomate, l'ail, le basilic, l'origan. Faites chauffer à feu doux et arrosez d'un filet d'huile d'olive.

**Pour les 12-18 mois**

Proposez 1 cuillerée à soupe de colin émietté (20 g) avec 2 cuillerées à café de sauce tomate faite maison, et accompagnez de quelques cuillerées de petites pâtes à potage.

**Pour les 6-12 mois**

Mixez 1 cuillerée à soupe de colin (20 g), 2 cuillerée à soupe de sauce tomate (40 g) et 5 cuillerée à soupe de pâtes à potage (100 g).

**Pour les adultes**

Servez le poisson avec les pâtes. Salez et saupoudrez de piment.

**Pour les 18 mois à 3 ans**

Servez à bébé une cuillerée à soupe de colin (20 g) accompagné de 3 à 4 cuillerées à soupe de coquillettes ou de petites farfalles. Ajoutez 3 cuillerées à soupe de sauce tomate (60 g).

OPINEL
INOX

# SAUMON GRILLÉ ET CRÈME DE COCO

**POUR 4 PERSONNES**
**PRÉPARATION** 15 MIN
**CUISSON** 20 MIN

- ✘ 700 g de saumon
- ✘ 50 cl de lait de coco
- ✘ ½ botte de basilic
- ✘ ½ botte de coriandre
- ✘ 200 g de riz de Camargue
- ✘ 1 courgette
- ✘ 1 oignon rouge
- ✘ 3 cuil. à soupe de sauce soja
- ✘ Huile de pépins de raisin
- ✘ Sel, poivre

**En + pour bébé :**

- ✘ 1 pomme de terre vapeur

**1.** Coupez le saumon et la courgette en morceaux. Épluchez et hachez l'oignon. Ciselez le basilic et la coriandre.

**2.** Faites cuire le riz dans une casserole d'eau bouillante pendant 15 minutes avant de l'égoutter.

**3.** Dans une autre casserole d'eau, faites cuire la courgette pendant 10 minutes. Réservez la courgette à destination du bébé.

**4.** Dans une poêle, faites revenir le saumon et l'oignon avec un filet d'huile pendant 5 minutes. Ajoutez la courgette, le lait de coco, le basilic et la coriandre. Prolongez la cuisson de 2 minutes.

### Pour les 6-12 mois

Mixez 3 cuillerées à soupe de courgette (60 g), 1 pomme de terre vapeur (50 g), 1 cuillerée à café de saumon (10 g), une pincée de basilic et 1 cuillerée à café d'huile d'olive.

### Pour les 12-18 mois

Hachez au couteau 3 cuillerées à soupe de courgette (60 g), 2,5 cuillerées à soupe de riz (50 g), 1 cuillerée à soupe de saumon (20 g), 1 cuillerée à soupe de crème de coco (20 g) et une pincée de basilic.

### Pour les 18 mois à 3 ans

Coupez en morceaux 4 cuillerées à soupe de courgette (80 g), 2,5 cuillerées à soupe de riz (50 g), 1,5 cuillerée à soupe de saumon (30 g), 1,5 cuillerée à soupe de crème de coco (30 g) et une pincée de basilic.

### Pour les adultes

Mélangez le riz aux légumes. Servez avec le saumon et la crème. Arrosez d'un filet de sauce soja, salez et poivrez.

# MILLET ET SARDINES EN PERSILLADE

**POUR 4 PERSONNES**
**PRÉPARATION** 15 MIN
**CUISSON** 20 MIN

- ✘ 12 sardines en filets
- ✘ 200 g de millet
- ✘ 1 botte de persil
- ✘ 50 g de feta
- ✘ 3 branches de cive
- ✘ 3 gousses d'ail
- ✘ 1 citron jaune
- ✘ Huile d'olive
- ✘ Sel, poivre

**En + pour bébé :**

- ✘ 1 purée de légumes maison (voir page 16)

**1.** Faites cuire le millet dans une casserole d'eau bouillante pendant 20 minutes.

**2.** Pour les enfants de moins de 1 an, faites cuire 1 botte de persil dans une casserole d'eau bouillante pendant 10 minutes puis égouttez-le.

**3.** Émincez la cive et ciselez le persil restant. Épluchez l'ail. Hachez l'ail et la feta. Coupez le citron en quartiers.

**4.** Dans une poêle, faites griller les sardines côté peau avec un filet d'huile d'olive pendant 5 minutes.

**5.** Ajoutez l'ail et la moitié du persil 30 secondes avant la fin de la cuisson des sardines.

### Pour les 12-18 mois

Proposez à bébé de goûter le plat des parents à titre de découverte des saveurs et textures, en étant vigilant concernant les arêtes. Accompagnez d'une purée.

### Pour les 6-12 mois

Proposez un peu de sardine mixée pour accompagner une purée de légumes.

### Pour les adultes

Servez le millet avec les sardines. Saupoudrez de persil frais, de feta et de cive. Salez, poivrez et arrosez d'un filet d'huile d'olive. Servez avec un quartier de citron.

### Pour les 18 mois à 3 ans

Servez 7,5 cuillerées à soupe (150 g) du plat préparé pour les adultes avec 1 filet de sardine grillé et émietté.

LES BROMÉLIACÉES

# PIZZA AL TONNO MINUTE

**POUR 4 PERSONNES**
**PRÉPARATION** 10 MIN
**CUISSON** 15 MIN

- 1 pâte à pizza (ou 1 pâte à baguette chez votre boulanger)
- 100 g de thon confit à l'huile
- 200 g de sauce tomate maison (voir page 16)
- 150 g de mozzarella
- 100 g de poivrons confits
- 100 g d'artichauts confits au vinaigre
- 1 cuil. à soupe de farine pour le plan de travail
- 50 g d'olives dénoyautées
- 2 oignons fanes
- 1 cuil. à soupe d'origan
- Huile d'olive
- Sel, poivre

**En + pour bébé :**

- 1 purée de légumes maison (voir page 16)

**1.** Préchauffez le four à 200 °C (th. 6-7). Coupez le thon, la mozzarella, le poivron confit et les artichauts en morceaux.

**2.** Étalez la pâte à l'aide d'un rouleau à pâtisserie et d'un peu de farine, puis disposez-la sur une plaque.

**3.** Recouvrez la pâte de sauce tomate. Répartissez par-dessus la mozzarella, les légumes, le thon et les olives. Saupoudrez d'origan.

**4.** Arrosez d'un filet d'huile d'olive et enfournez pour 15 minutes.

***Pour les 12-18 mois***

Proposez à bébé quelques bouchées de pizza à titre de découverte. Complétez avec une purée maison.

***Pour les adultes***

Salez, poivrez et servez aussitôt.

***Pour les 18 mois à 3 ans***

Servez une petite part de pizza coupée en morceaux à bébé.

# PAPILLOTES DE COLIN AUX PETITS LÉGUMES

**POUR 4 PERSONNES**
**PRÉPARATION** 15 MIN
**CUISSON** 22 MIN

- ✘ 4 pavés de colin de 200 g chacun
- ✘ 3 carottes
- ✘ 1 bonne poignée de haricots verts
- ✘ 2 pommes de terres moyennes
- ✘ 1 oignon rouge
- ✘ 2 branches de romarin
- ✘ Huile d'olive
- ✘ Sel, poivre

**En + pour bébé :**

- ✘ 1 pomme de terre vapeur

**1.** Épluchez les carottes, les pommes de terre et l'oignon. Coupez les carottes et les pommes de terre en petits morceaux. Émincez l'oignon. Équeutez les haricots verts. Effeuillez et hachez le romarin.

**2.** Préchauffez le four à 180 °C (th. 6). Faites cuire les carottes, les pommes de terre et les haricots verts dans une casserole d'eau bouillante pendant 15 minutes. Égouttez-les. Réservez quelques légumes pour bébé.

**3.** Répartissez les légumes cuits dans 4 papillotes en papier sulfurisé. Disposez les pavés de colin par-dessus. Recouvrez d'oignon rouge et de romarin. Arrosez d'un filet d'huile d'olive.

**4.** Disposez les papillotes sur une plaque et enfournez pour 7 minutes.

### *Pour les 12-18 mois*

Hachez au couteau 4 cuillerées à soupe de carottes et haricots (80 g), 1 pomme de terre vapeur (70 g), 1 cuillerée à soupe de colin (20 g) et 1 cuillerés à café d'huile d'olive.

### *Pour les 6-12 mois*

Mixez 3 cuillerées à soupe de carottes et haricots (60 g), 1 pomme de terre vapeur (50 g), 1 cuillerée à café de colin (10 g) et 1 cuillerée à café d'huile d'olive.

### *Pour les adultes*

Salez et poivrez avant de servir.

### *Pour les 18 mois à 3 ans*

Servez 6 cuillerées à soupe de carottes et haricots (120 g), 1 pomme de terre vapeur (50 g), 1,5 cuillerée à soupe de colin (30 g) et 1 cuillerée à soupe d'huile d'olive.

# POISSON GRATINÉ, AÏOLI DE LÉGUMES

**POUR 4 PERSONNES**
**PRÉPARATION** 15 MIN
**CUISSON** 10 MIN

- 4 pavés de poisson (ici cabillaud)
- 3 cuil. à soupe de chapelure
- 1 chou-fleur
- 3 carottes
- 1 poignée de haricots verts
- 2 gousses d'ail
- 2 jaunes d'œuf
- 1 cuil. à soupe de moutarde
- 30 cl d'huile de pépins de raisin
- Huile d'olive
- Sel, poivre

**En + pour bébé :**

- 1 pomme de terre vapeur
- Beurre

**1.** Préchauffez le four à 180 °C (th. 6). Coupez le chou-fleur en bouquets. Équeutez les haricots verts, épluchez et émincez les carottes. Épluchez et hachez l'ail.

**2.** Faites cuire le chou-fleur, les carottes et les haricots verts dans une casserole d'eau bouillante pendant 10 minutes.

**3.** Disposez les poissons sur une plaque. Saupoudrez de chapelure et enfournez pour 5 minutes.

**4.** Fouettez les jaunes d'œuf avec la moutarde puis incorporez l'huile de pépins de raisin en versant petit à petit tout en fouettant rapidement. Ajoutez l'ail, salez et poivrez.

### Pour les 6-12 mois

Mixez 2 cuillerées à soupe de carotte (40 g) avec 1 cuillerée à soupe de haricots verts (20 g), 1 pomme de terre vapeur (50 g), 1 cuillerée à café de poisson (10 g) et 1 noix de beurre.

### Pour les 12-18 mois

Hachez au couteau 2 cuillerées à soupe de carotte (40 g) avec 1 cuillerée à soupe de haricots verts (40 g), 1 petite tête de chou-fleur (20 g), 1 cuillerée à soupe de poisson (20 g) et 1 noix de beurre.

### Pour les 18 mois à 3 ans

Coupez 2 cuillerées à soupe de carotte (40 g), 2 cuillerées à soupe de haricots verts (40 g), 3 cuillerées à soupe de chou-fleur (60 g) et 1,5 cuillerée à soupe de poisson (30 g). Arrosez d'un filet d'huile d'olive et faites découvrir ½ cuillerée à café d'aioli.

### Pour les adultes

Salez, poivrez et arrosez le poisson d'un filet d'huile. Servez avec les légumes et l'aïoli.

# BLANQUETTE DE POISSON

**POUR 4 PERSONNES**
**PRÉPARATION** 10 MIN
**CUISSON** 12 MIN

- ✘ 600 g de poisson (lotte)
- ✘ 1 poireau
- ✘ 3 carottes
- ✘ 4 champignons de Paris
- ✘ 30 cl de crème légère
- ✘ 5 cl de vin blanc
- ✘ ⅓ de botte de persil
- ✘ Huile d'olive
- ✘ Sel, poivre

**En + pour bébé :**

- ✘ 1 pomme de terre vapeur

**1.** Coupez le poisson en morceaux. Épluchez et émincez le poireau et les carottes. Éliminez la partie terreuse du pied des champignons et coupez les champignons en quatre.

**2.** Dans une casserole, faites mijoter les légumes avec un fond d'eau et un filet d'huile d'olive pendant 12 minutes. Il ne doit plus y avoir d'eau à la fin de la cuisson.

**3.** Dans une autre casserole, faites mijoter le poisson, la crème et le persil ciselé pendant 2 minutes.

### Pour les 6-12 mois

Mixez 2 cuillerées à soupe de carotte (40 g), 1 cuillerée à soupe de poireaux (20 g), 1 cuillerée à café de poisson (10 g), 1 pomme de terre vapeur (50 g) et 1 noisette de beurre.

### Pour les 12-18 mois

Hachez au couteau 3 cuillerées à soupe de carotte (60 g), 1 cuillerée à soupe de poireaux (20 g) et 1 cuillerée à soupe de poisson (20 g). Accompagnez d'1 pomme de terre (50 g) écrasée avec 1 cuillerée de sauce avant ajout du vin.

### Pour les 18 mois à 3 ans

Écrasez 3 cuillerées à soupe de carotte (70 g) avec 1 cuillerée à soupe de poireaux (60 g), 1,5 cuillerée à soupe de poisson (30 g), 1 pomme de terre vapeur (50 g) et 1 cuillerée de sauce avant ajout du vin.

### Pour les adultes

Faites bouillir le vin 20 secondes et ajoutez-y les légumes et le poisson. Salez et poivrez. Accompagnez de riz ou de pommes de terre vapeur.

# QUENELLES DE BROCHET AUX PETITS POIS

**POUR 4 PERSONNES**
**PRÉPARATION** 5 MIN
**CUISSON** 8 MIN

- ✘ 4 quenelles de brochet
- ✘ 400 g de petits pois
- ✘ 1 oignon blanc
- ✘ 20 cl de crème 5 % MG
- ✘ 100 g de feta
- ✘ ½ botte de persil
- ✘ Huile d'olive
- ✘ Sel, poivre

**1.** Préchauffez le four à 200 °C (th. 6-7). Épluchez et hachez l'oignon. Ciselez le persil. Hachez la feta.

**2.** Faites cuire les petits pois dans une casserole d'eau bouillante pendant 7 minutes avant de les égoutter.

**3.** Versez les quenelles, l'oignon, la crème, la feta et la moitié du persil dans un plat à gratin. Enfournez pour 8 minutes.

### *Pour les 12-18 mois*

Servez 6 cuillerées à soupe de petits pois (120 g), 1 cuillerée à soupe de quenelle coupée en petits dés (20 g) et 1 cuillerée à café d'oignon et de feta (10 g).

### *Pour les adultes*

Servez les quenelles avec les petits pois. Salez, poivrez et saupoudrez de persil frais.

### *Pour les 18 mois à 3 ans*

Servez 7 cuillerées à soupe de petits pois (140 g), 1,5 cuillerée à soupe de quenelle (30 g) et 1 cuillerée à café d'oignon et de feta (10 g).

# DAURADE LAIT DE COCO

**POUR 4 PERSONNES**
**PRÉPARATION** 10 MIN
**CUISSON** 10 MIN

- ✘ 4 filets de daurade
- ✘ 50 cl de lait de coco
- ✘ 3 tiges de citronnelle
- ✘ 300 g de petits pois
- ✘ 150 g de riz de Camargue
- ✘ 1 oignon rouge
- ✘ 2 gousses d'ail
- ✘ 1 morceau de 5 cm de gingembre frais
- ✘ ½ botte de coriandre
- ✘ Huile d'olive
- ✘ Sel, poivre

**En + pour bébé :**

- ✘ 1 pomme de terre vapeur

**1.** Faites cuire le riz dans une casserole d'eau bouillante pendant 10 minutes puis égouttez. Dans une autre casserole d'eau bouillante, faites cuire les petits pois 10 minutes puis égouttez. Réservez les ingrédients pour bébé et mélangez le reste.

**2.** Coupez la daurade en morceaux. Épluchez et hachez la citronnelle, l'oignon, l'ail et le gingembre. Ciselez la coriandre.

**3.** Dans une poêle, faites revenir la citronnelle, l'oignon, l'ail et le gingembre avec un filet d'huile d'olive pendant 5 minutes.

**4.** Ajoutez le lait de coco et la daurade dans la poêle. Faites mijoter 2 minutes à feu doux.

### Pour les 6-12 mois

Mixez 2 cuillerées à soupe de petits pois (40 g) avec 1 petite pomme de terre vapeur (50 g), 1 cuillerée à café de daurade (10 g), une pincée de coriandre et 1 cuillerée à café d'huile d'olive.

### Pour les 12-18 mois

Hachez au couteau 3 cuillerées à soupe de petits pois (60 g), 2,5 cuillerées à soupe de riz bien cuit (50 g), 1 cuillerée à soupe de daurade cuite (20 g) et 1 cuillerée à soupe de lait de coco (20 g).

### Pour les adultes

Servez la daurade sur le riz aux petits pois. Salez et poivrez. Nappez d'un filet d'huile d'olive et de coriandre.

### Pour les 18 mois à 3 ans

Servez 5 cuillerées à soupe du mélange adulte (100 g) et 1,5 cuillerée à soupe de daurade cuite (30 g). Ajoutez 1 cuillerée à soupe de sauce et une pincée de coriandre.

# MAQUEREAU GRILLÉ

**POUR 4 PERSONNES**
**PRÉPARATION** 10 MIN
**CUISSON** 2 MIN

- ✘ 4 filets de maquereau de 150 g chacun
- ✘ ½ oignon blanc
- ✘ 1 gousse d'ail
- ✘ Le jus de 2 citrons jaunes
- ✘ ¼ de botte de coriandre
- ✘ 300 g de pois chiches en conserve
- ✘ 2 betteraves cuites
- ✘ 1 cuil. à soupe de graines de sésame
- ✘ Huile d'olive
- ✘ Sel, poivre

**En + pour bébé :**

- ✘ 1 pomme de terre vapeur

**1.** Préchauffez le four en mode gril fort. Épluchez l'oignon, l'ail et les betteraves. Ôtez la peau des pois chiches si vous en avez le temps. Réservez 1 betterave pour bébé.

**2.** Préparez la sauce verte : mixez l'oignon, la coriandre, la moitié du jus de citron et du sel. Préparez le houmous : mixez le reste de jus de citron, les pois chiches, 1 betterave, l'ail et les graines de sésame.

**3.** Disposez les filets de maquereau sur une plaque, arrosez d'un filet d'huile et faites-les cuire en mode gril pendant 2 minutes.

### Pour les 6-12 mois

Mixez 4 cuillerées à soupe de betterave (80 g), 1 pomme de terre vapeur (50 g), 1 cuillerée à café d'huile d'olive et 1 cuillerée à café de maquereau (10 g).

### Pour les 12-18 mois

Servez une purée comme pour la tranche d'âge précédente en servant de 1 cuillerée à soupe de maquereau émietté à part. Faites découvrir 1 cuillerée à café de houmous.

### Pour les 18 mois à 3 ans

Servez 5 cuillerées à soupe de betterave (100 g), 1,5 cuillerée à soupe de maquereau (30 g) et accompagnez de 3 cuillerées à soupe de houmous (50 g).

### Pour les adultes

Servez le maquereau avec la sauce à la coriandre et le houmous de betterave. Salez et poivrez.

# RISOTTO AUX SAINT-JACQUES

**POUR 4 PERSONNES**
**PRÉPARATION** 10 MIN
**CUISSON** 17 MIN

- ✘ 200 g de riz rond
- ✘ 20 noix de saint-jacques
- ✘ 2 courgettes
- ✘ 1 oignon jaune
- ✘ 3 gousses d'ail
- ✘ 1 botte de persil
- ✘ 100 g de parmesan râpé
- ✘ Huile d'olive
- ✘ Sel, poivre

**1.** Émincez les courgettes. Épluchez et hachez l'oignon et l'ail. Hachez le persil.

**2.** Faites mijoter l'oignon, l'ail et les courgettes avec 1 verre d'eau et un filet d'huile d'olive pendant 15 minutes.

**3.** Dans une poêle, faites griller les noix de saint-jacques avec un filet d'huile d'olive pendant 3 minutes.

**4.** Versez le riz et 1,2 l d'eau dans une casserole. Faites bouillir pendant 17 minutes en remuant de temps en temps. Le riz doit être cuit et l'eau évaporée pratiquement en totalité.

### Pour les 12-18 mois

Hachez au couteau 1 petite noix de saint-jacques (20 g), 4 cuillerées à soupe de courgette (80 g) avec 4 cuillerées à soupe de risotto (80 g), et une pincée de persil.

### Pour les 6-12 mois

Mixez 3 cuillerées à soupe de courgette cuisinée (60 g) avec 3 cuillerées à soupe de riz nature (60 g), une pincée de persil et 1 cuillerée à café d'huile d'olive.

### Pour les adultes

Mélangez le riz avec les légumes et le parmesan, salez et poivrez. Servez le risotto avec les saint-jacques et saupoudrez de persil.

### Pour les 18 mois à 3 ans

Coupez en morceaux 1,5 noix de saint-jacques (30 g) et servez avec 8 cuillerées à soupe (160 g) du risotto pour adulte.

# SAINT-JACQUES RÔTIES, PURÉE DE CAROTTES

**POUR 4 PERSONNES**
**PRÉPARATION** 10 MIN
**CUISSON** 15 MIN

- 20 noix de saint-jacques
- 700 g de carottes
- 1 oignon jaune
- 2 gousses d'ail
- 2 branches de thym
- 1 cuil. à café de cumin en grains
- ⅓ de botte de coriandre
- Huile d'olive
- Sel, poivre

**En + pour bébé :**

- 1 pomme de terre vapeur

**1.** Épluchez les carottes, l'oignon et l'ail. Coupez les carottes en morceaux. Émincez l'oignon et l'ail. Ciselez la coriandre.

**2.** Faites cuire les carottes dans une casserole d'eau bouillante pendant 15 minutes. Égouttez. Réservez les carottes pour bébé et mixez le reste avec le cumin.

**3.** Dans une poêle chaude, faites griller les saint-jacques avec un filet d'huile d'olive et le thym pendant 5 minutes. Ajoutez l'oignon et l'ail 30 secondes avant la fin de la cuisson.

### *Pour les 6-12 mois*

Servez 4 cuillerées à soupe de purée de carottes au cumin (80 g) en y ajoutant 1 pomme de terre vapeur mixée (50 g) et 1 cuillerée à café d'huile d'olive.

### *Pour les 12-18 mois*

Servez 8cuillerées à soupe de purée de carottes au cumin (160 g) avec 1 noix de saint-jacques hachée (20 g) et 1 cuillerée à café d'huile d'olive.

### *Pour les 18 mois à 3 ans*

Servez 4 cuillerées à soupe de purée de carotte au cumin (80 g) additionnée d'écrasé de pomme de terre (80 g) avec 2 cuillerées à café d'huile d'olive. Proposez 1 noix de saint-jacques coupée en dés (20 g).

### *Pour les adultes*

Salez, poivrez et servez les saint-jacques avec la purée. Parsemez de coriandre.

# POÊLÉE DE CREVETTES PETITS POIS ET PAPRIKA

**POUR 4 PERSONNES**
**PRÉPARATION** 5 MIN
**CUISSON** 15 MIN

- ✘ 500 g de crevettes cuites décortiquées
- ✘ 300 g de petits pois écossés (frais ou surgelés)
- ✘ 300 g de riz de Camargue
- ✘ 1 oignon
- ✘ 2 gousses d'ail
- ✘ 1 cuil. à soupe de paprika
- ✘ Huile d'olive
- ✘ Sel, poivre

**En + pour bébé :**

- ✘ 1 pomme de terre vapeur

**1.** Faites cuire le riz dans une grande casserole d'eau bouillante, le temps indiqué sur l'emballage.

**2.** Épluchez et émincez l'ail et l'oignon.

**3.** Faites revenir les crevettes à la poêle dans un filet d'huile d'olive pendant 4 minutes. Retournez-les à mi-cuisson.

**4.** Ajoutez les petits pois et 3 cl d'eau. Prolongez la cuisson 3 minutes. Retirez la préparation de la poêle et faites rissoler l'ail et l'oignon pendant 3 minutes.

### Pour les 6-12 mois

Mixez 6 cuillerées de petits pois (120 g) avec 1 pomme de terre vapeur (50 g) et 1 cuillerée à soupe d'huile d'olive.

### Pour les 12-18 mois

Écrasez à la fourchette 5 cuillerée à soupe de petits pois (100 g) avec 4 cuillerée à soupe de riz (80 g). Proposez 1/2 crevette hachée au couteau arrosée d'1 cuillerée à soupe d'huile d'olive.

### Pour les 18 mois à 3 ans

Coupez 2 crevettes en petits morceaux et servez-les avec 5 cuillerées à soupe de petits pois (100 g), 4 cuillerées à soupe de riz (80 g) et 1 cuillerée à soupe d'huile d'olive.

### Pour les adultes

Remettez les crevettes dans la poêle avec l'ail et l'oignon et mélangez. Dressez dans l'assiette les crevettes aux petits pois avec le riz. Salez, poivrez, saupoudrez de paprika et servez.

# SAINT-JACQUES GRILLÉES AU BASILIC

**POUR 4 PERSONNES**
**PRÉPARATION** 15 MIN
**CUISSON** 10 MIN

- ✘ 20 noix de saint-jacques
- ✘ 400 g de tomates cerises
- ✘ 2 poignées de haricots verts
- ✘ 6 carottes
- ✘ 2 bottes de basilic
- ✘ Huile d'olive
- ✘ Sel, poivre

**1.** Épluchez les carottes et coupez-les en bâtonnets. Équeutez les haricots verts. Effeuillez le basilic et mettez 8 feuilles de côté.

**2.** Plongez les carottes et les haricots verts dans une casserole d'eau bouillante et faites-les cuire 10 minutes avant de les égoutter.

**3.** Faites griller séparément les saint-jacques et les tomates dans deux poêles avec un filet d'huile d'olive pendant 5 minutes. Ajoutez le basilic 30 secondes avant la fin de la cuisson.

**En + pour bébé :**

- ✘ 1 pomme de terre vapeur
- ✘ Crème fraîche

**Pour les 6-12 mois**

Mixez 4 cuillerées à soupe de légumes bien cuits à l'eau (80 g) avec 1 pomme de terre vapeur (50 g) et 1 cuillerée à café de crème fraîche.

**Pour les 12-18 mois**

Hachez au couteau 5 cuillerées à soupe de légumes (100 g) avec une pomme de terre vapeur (50 g), 1 noix de saint-jacques (20 g) et 2 cuillerées à café d'huile d'olive.

**Pour les 18 mois à 3 ans**

Coupez 4 cuillerées à soupe de légumes et de tomates (100 g) et une petite pomme de terre vapeur coupée en dés (50 g). Accompagnez de 2 petites noix de saint-jacques (40 g) en dés, de 2 cuillerées à café d'huile d'olive et d'un peu de basilic haché.

**Pour les adultes**

Faites revenir les carottes et haricots verts dans la poêle des saint-jacques en même temps que le basilic. Salez, poivrez et servez parsemé de basilic frais.

# SAUMON BROCOLI QUINOA

**POUR 4 PERSONNES**
**PRÉPARATION** 10 MIN
**CUISSON** 10 MIN

- ✘ 500 g de saumon
- ✘ 1 brocoli
- ✘ 250 g de quinoa
- ✘ 10 cl de crème 5 % MG
- ✘ 3 branches de thym
- ✘ Huile d'olive
- ✘ Sel, poivre

**En + pour bébé :**
✘ 1 pomme de terre vapeur

**1.** Faites cuire le quinoa dans une grande casserole d'eau bouillante le temps indiqué sur le paquet.

**2.** Coupez le brocoli en bouquets et le saumon en cubes.

**3.** Faites cuire le brocoli dans une casserole d'eau bouillante pendant 7 minutes.

**4.** Déposez dans une poêle le saumon, la crème, le thym, 5 cl d'eau et faites mijoter 3 minutes.

### Pour les 12-18 mois

Hachez au couteau 3 cuillerées à soupe de brocoli (60 g), 2 cuillerées à soupe de quinoa (50 g) si votre enfant accepte les textures granuleuses, et 1 cuillerée à soupe de saumon (20 g). Ajoutez 1 cuillerée à café de sauce à la crème et 1 cuillerée à café d'huile d'olive.

### Pour les 6-12 mois

Mixez 3 cuillerées à soupe de brocoli (60 g), 1 petite pomme de terre vapeur (50 g) et 1 cuillerée à café de saumon (10 g).

### Pour les adultes

Servez le saumon avec le quinoa. Arrosez d'un filet d'huile, salez et poivrez.

### Pour les 18 mois à 3 ans

Coupez 4 cuillerées à soupe de brocoli (80 g), et 1,5 cuillerée à soupe de poisson (30 g). Accompagnez de 3 cuillerées à soupe de quinoa (60 g), d'1 cuillerée à café de sauce à la crème et d'1 cuillerée à café d'huile d'olive.

# CABILLAUD
# EN CROÛTE PERSILLÉE

**POUR 4 PERSONNES**
**PRÉPARATION** 8 MIN
**CUISSON** 8 MIN

- ✘ 4 pavés de cabillaud de 180 g chacun
- ✘ 4 cuil. à soupe de chapelure
- ✘ ½ botte de persil
- ✘ 2 gousses d'ail
- ✘ 300 g de tomates cerises
- ✘ Huile d'olive
- ✘ Sel, poivre

**En + pour bébé :**

- ✘ 1 pomme de terre vapeur
- ✘ 1 1 purée de légumes maison (voir page 16)

**1.** Préchauffez le four à 180 °C (th. 6). Coupez les tomates en deux. Épluchez l'ail et effeuillez le persil.

**2.** Mixez la chapelure avec l'ail, le persil et 3 cuillerées à soupe d'huile d'olive.

**3.** Disposez les pavés de cabillaud sur une plaque de four et répartissez les tomates autour.

**4.** Recouvrez généreusement le poisson de persillade et enfournez pour 8 minutes.

**Pour les 6-12 mois**

Servez 1 cuillerée à café de poisson mixé (10 g) avec une purée de légumes de votre choix.

**Pour les 12-18 mois**

Proposez à bébé 1 cuillerée à soupe de poisson émietté accompagné d'1 pomme de terre vapeur écrasée (50 g) avec 4 morceaux de tomates cerises sans la peau.

**Pour les 18 mois à 3 ans**

Servez à bébé ⅓ de portion du poisson pour adulte, accompagné de 6 ½ tomates cerises et d'une pomme de terre vapeur (50 g).

**Pour les adultes**

Servez le poisson avec les tomates. Salez et poivrez.

# PLATS VÉGÉTARIENS

# CODINI RATATOUILLE

**POUR 4 PERSONNES**
**PRÉPARATION** 15 MIN
**CUISSON** 30 MIN

- ✘ 500 g de pâtes de votre choix (ici des « codini »)
- ✘ 1 courgette
- ✘ 1 aubergine
- ✘ 700 g de tomates
- ✘ 1 oignon jaune
- ✘ 2 gousses d'ail
- ✘ 50 g de parmesan râpé
- ✘ 2 branches de thym
- ✘ ⅓ de botte de basilic
- ✘ Huile d'olive
- ✘ Sel, poivre

**1.** Coupez en morceaux la courgette, l'aubergine et les tomates. Épluchez et hachez l'oignon et l'ail.

**2.** Versez la courgette, l'aubergine et les tomates dans une casserole avec 1 verre d'eau et faites mijoter pendant 30 minutes à feu doux. Faites cuire à part l'oignon et l'ail dans une autre casserole avec le thym, un fond d'eau et un filet d'huile pendant 20 minutes.

**3.** Faites cuire les pâtes le temps indiqué sur le paquet avant de les égoutter. Effeuillez et ciselez le basilic.

### Pour les 12-18 mois

Hachez au couteau 4 cuillerées à soupe de légumes sans la peau (80 g), 2,5 cuillerées à soupe de pâtes (50 g), 1 cuillerée à café d'oignon (10 g), une pincée de basilic et 1 cuillerée à café d'huile d'olive.

### Pour les adultes

Mélangez les légumes à la tomate avec les oignons et les pâtes. Salez, poivrez et parsemez de parmesan et de basilic. Arrosez d'un filet d'huile d'olive.

### Pour les 18 mois à 3 ans

Proposez à bébé 5 cuillerées à soupe de légumes coupés en morceaux (100 g), 4 cuillerées à soupe de pâtes (80), 1 cuillerée à café d'oignon (10 g), une pincée de basilic et 1 cuillerée à café d'huile d'olive.

# RISOTTO AU BLEU ET AUX CHAMPIGNONS

**POUR 4 PERSONNES**
**PRÉPARATION** 10 MIN
**CUISSON** 20 MIN

- ✘ 200 g de riz rond
- ✘ 600 g de champignons de Paris
- ✘ 1 oignon jaune
- ✘ 2 gousses d'ail
- ✘ 2 branches de thym
- ✘ 200 g de bleu d'Auvergne
- ✘ Huile d'olive
- ✘ Sel, poivre

**En + pour bébé :**

- ✘ Crème fraîche

**1.** Émincez les champignons. Épluchez et hachez l'oignon et l'ail. Effeuillez le thym. Coupez le fromage en morceaux.

**2.** Faites mijoter l'oignon et l'ail avec 1 verre d'eau, le thym et un filet d'huile d'olive pendant 15 minutes. Ajoutez les champignons et prolongez la cuisson de 5 minutes.

**3.** Versez le riz et 1,2 l d'eau dans une casserole. Faites bouillir pendant 17 minutes en remuant de temps en temps. Le riz doit être cuit et l'eau pratiquement évaporée en totalité.

### Pour les 6-12 mois

Mixez 3 cuillerées à soupe de champignons bien cuits mélange adulte (60 g) avec 3 cuillerées à soupe de riz cuit (60 g) et 3 cuillerées à café de crème fraîche (30 g).

### Pour les 12-18 mois

Hachez au couteau 4 cuillerées à soupe de champignons bien cuits du mélange adulte (80 g) avec 3 cuillerées à soupe de riz cuit (60 g).

### Pour les 18 mois à 3 ans

Servez 7 cuillerées à soupe de risotto (140 g) en veillant à couper les champignons en tout petit.

### Pour les adultes

Mélangez le riz avec les champignons et le fromage. Salez et poivrez.

# SALADE GRECQUE AUX VERMICELLES

**POUR 4 PERSONNES**
**PRÉPARATION** 10 MIN
**CUISSON** 2 MIN

- 150 de vermicelles de blé
- 1 concombre
- 2 tomates
- 80 g d'olives
- 1 oignon rouge
- 200 g de feta
- 1 cuil. à soupe d'origan
- Huile d'olive
- Sel, poivre

**1.** Faites cuire les vermicelles dans une casserole d'eau bouillante le temps indiqué sur le paquet avant de les égoutter.

**2.** Épluchez et émincez l'oignon. Coupez les tomates et la feta en morceaux. Taillez le concombre en tranches.

### Pour les 12-18 mois

Proposez à titre de dégustation 1 cuillerée à soupe de concombre mélangée à 2 cuillerées à soupe de vermicelles (40 g), quelques dés de tomates, un dé de féta émietté et 1 cuillerée à café d'huile d'olive.

### Pour les adultes

Mélangez les vermicelles, le concombre, les tomates, les olives, l'oignon, la feta, et l'origan. Arrosez d'un bon filet d'huile d'olive, salez et poivrez.

### Pour les 18 mois à 3 ans

Servez en guise d'entrée 2 cuillerées à soupe de la salade préparée à l'attention des adultes, légèrement poivrée, accompagnée de 2 dés de feta émiettés.

# GRATIN DE BROCOLI AU PARMESAN

**POUR 4 PERSONNES**
**PRÉPARATION** 15 MIN
**CUISSON** 38 MIN

- ✘ 1 brocoli
- ✘ ⅓ de baguette de pain
- ✘ 50 cl de crème 5 % MG
- ✘ 2 œufs
- ✘ 4 gousses d'ail
- ✘ 2 branches de cive
- ✘ 2 branches de thym
- ✘ 50 g de parmesan râpé
- ✘ Huile d'olive
- ✘ Sel, poivre
- ✘ 1 salade lavée et essorée
- ✘ Vinaigre et moutarde pour la vinaigrette

**1.** Préchauffez le four à 180 °C (th. 6). Coupez le brocoli en morceaux et faites-les cuire pendant 8 minutes dans une casserole d'eau bouillante avant de les égoutter. Mettez de côté le brocoli pour bébé.

**2.** Coupez la baguette en cubes. Épluchez et hachez l'ail. Émincez la cive. Effeuillez le thym.

**3.** Cassez et fouettez les œufs avec la crème, le parmesan, l'ail et le thym.

**4.** Versez le brocoli, les cubes de baguette et la crème aux œufs dans un plat à gratin. Enfournez pour 30 minutes.

### Pour les 6-12 mois

Mixez 5 cuillerées à soupe de brocoli cuit à l'eau (100 g) avec 1 cuillerée à soupe de gratin cuit (20 g)(mélange d'œuf et de crème).

### Pour les 12-18 mois

Proposez à titre de découverte quelques cuillerées de gratin réduit en petits morceaux à l'aide d'une fourchette. Complétez avec 100 g de brocoli réduit en purée.

### Pour les 18 mois à 3 ans

Coupez en morceaux 7 cuillerées à soupe de gratin (140 g).

### Pour les adultes

Salez, poivrez et servez avec une petite salade en vinaigrette.

# BLÉ SAUTÉ AUX LÉGUMES ASIATIQUES

**POUR 4 PERSONNES**
**PRÉPARATION** 15 MIN
**CUISSON** 20 MIN

- ✘ 200 g de blé
- ✘ 1 petit brocoli
- ✘ 1 poivron
- ✘ 2 carottes
- ✘ 150 g de maïs cuit
- ✘ 2 oignons fanes
- ✘ 1 morceau de 5 cm de gingembre frais
- ✘ ⅓ de botte de coriandre
- ✘ 5 cl de sauce soja
- ✘ Huile d'olive
- ✘ Sel, poivre

**1.** Coupez le brocoli en morceaux. Videz le poivron. Épluchez les carottes et le gingembre. Émincez le poivron et les carottes. Râpez le gingembre. Ciselez la coriandre er l'oignon.

**2.** Plongez le blé dans une casserole d'eau bouillante le temps indiqué sur le paquet. Égouttez-le.

**3.** Faites cuire le brocoli, le poivron et les carottes dans une autre casserole d'eau bouillante pendant 10 minutes. Égouttez-les.

### Pour les 12-18 mois

Hachez au couteau et mélangez 2 cuillerées à soupe de carotte (40 g), 2 cuillerées à soupe de brocoli (40 g), 2 cuillerées à soupe de maïs (40 g), 2,5 cuillerées à soupe de blé (50 g) revenus à la poêle dans un filet d'huile d'olive. Décorez d'une pincée de coriandre.

### Pour les 6-12 mois

Mixez 2 cuillerées à soupe de carotte (40 g), 2 cuillerées à soupe de brocoli (40 g), 1 pomme de terre vapeur (50 g) et 1 cuillerée à café d'huile.

### Pour les adultes

Dans une poêle, faites revenir le blé, les légumes et le gingembre avec un filet d'huile. Salez, poivrez, arrosez de sauce soja et saupoudrez de coriandre et d'oignon.

### Pour les 18 mois à 3 ans

Coupez en morceaux et mélangez 1 cuillerée à soupe de poivron (40 g), 2 cuillerées à soupe de carotte (40 g), 2 cuillerées à soupe de brocoli (40 g), 2 cuillerées à soupe de maïs (40 g), 2,5 cuillerées à soupe de blé (50 g) revenus à la poêle dans un filet d'huile d'olive. Décorez d'une pincée de coriandre.

# GALETTE BRETONNE ÉPINARDS ET COMTÉ

**POUR 4 PERSONNES**
**PRÉPARATION** 10 MIN
**CUISSON** 20 MIN

- ✘ 4 galettes bretonnes du commerce
- ✘ 300 g d'épinards
- ✘ 150 g de comté râpé
- ✘ 4 œufs
- ✘ 2 oignons fanes
- ✘ 100 g de crème épaisse
- ✘ 60 g de beurre
- ✘ Sel, poivre

**En + pour bébé :**

- ✘ 1 œuf dur
- ✘ 1 pomme de terre vapeur

**1.** Équeutez les épinards. Émincez les épinards et les oignons.

**2.** Faites cuire les épinards dans une casserole d'eau bouillante pendant 5 minutes. Égouttez-les. Mettez de côté les épinards pour bébé.

**3.** Dans une poêle, faites revenir les oignons avec une noisette de beurre pendant 5 minutes.

**4.** Dans une crêpière, faites revenir les galettes une à une pendant 4 minutes avec une noisette de beurre. Lors de la cuisson, répartissez les ingrédients dans cet ordre : le comté, les épinards, 1 œuf, la crème et les oignons. Faites cuire jusqu'à ce que le blanc de l'œuf soit bien cuit.

**Pour les 12-18 mois**

Hachez au couteau ¼ de galette adulte à titre de dégustation, et servez un écrasé composé d'1 pomme de terre vapeur (50 g), d'¼ d'œuf dur et de 2 cuillerées à soupe d'épinard haché (40 g).

**Pour les 6-12 mois**

Mixez 3 cuillerées à soupe d'épinards (60 g), 1 pomme de terre vapeur (50 g), ¼ d'œuf dur et 2 cuillerées à café de crème fraîche.

**Pour les adultes**

Servez les galettes, salées et poivrées.

**Pour les 18 mois à 3 ans**

Coupez en morceaux ½ galette garnie.

OPINEL
INOX

# COCOTTE DE LÉGUMES AU MILLET

**POUR 4 PERSONNES**
**PRÉPARATION** 15 MIN
**CUISSON** 20 MIN

- ✘ 1 botte d'asperges
- ✘ 3 navets
- ✘ 3 carottes
- ✘ 3 pommes de terre
- ✘ 1 oignon jaune
- ✘ 2 gousses d'ail
- ✘ 200 g de millet
- ✘ ⅓ de botte de coriandre
- ✘ Huile d'olive
- ✘ Sel, poivre

**En + pour bébé :**

- ✘ 1 pomme de terre vapeur

**1.** Épluchez les asperges, les navets, les carottes, les pommes de terre, l'oignon et l'ail. Émincez les navets, les carottes, les pommes de terre, l'oignon et l'ail. Ciselez la coriandre.

**2.** Plongez le millet dans une casserole d'eau bouillante pendant 20 minutes. Égouttez-le.

**3.** Versez les légumes dans une casserole avec ½ verre d'eau. Faites mijoter à couvert pendant 15 minutes.

### Pour les 12-18 mois

Hachez au couteau 3 cuillerées à soupe de carotte (60 g), 2 cuillerées à soupe d'asperge (40 g), ½ pomme de terre (20 g), 1 cuillerée à soupe de navet (20 g), 1 cuillerée à soupe de millet (20 g), une pincée de coriandre et 1 cuillerée à soupe d'huile d'olive.

### Pour les 6-12 mois

Mixez 2 cuillerées à soupe de carotte (40 g) et 2 cuillerées à soupe d'asperge (40 g) avec 1 pomme de terre vapeur (50 g) et 1 cuillerée à café d'huile d'olive.

### Pour les adultes

Salez, poivrez et servez le millet avec les légumes. Arrosez d'un filet d'huile d'olive et saupoudrez de coriandre.

### Pour les 18 mois à 3 ans

Coupez 3 cuillerées à soupe de carotte (60 g), 2 cuillerées à soupe d'asperge (40 g), ½ pomme de terre (25 g), 1 cuillerée à soupe de navet (20 g), 2,5 cuillerées à soupe de millet (50 g), une pincée de coriandre et 1 cuillerée à soupe d'huile d'olive.

# SOUPE D'ÉPINARDS À LA FETA

**POUR 4 PERSONNES**
**PRÉPARATION** 15 MIN
**CUISSON** 20 MIN

- ✘ 500 g d'épinards
- ✘ 100 g de feta
- ✘ 4 pommes de terre moyennes
- ✘ Crème fraîche épaisse
- ✘ 1 oignon jaune
- ✘ 2 gousses d'ail
- ✘ 1 cuil. à soupe d'origan séché
- ✘ Huile d'olive
- ✘ Sel, poivre

**En + pour bébé :**

- ✘ 1 pomme de terre vapeur

**1.** Épluchez et émincez les pommes de terre, l'oignon et l'ail. Équeutez les épinards. Hachez la feta.

**2.** Versez dans une casserole 1,2 l d'eau, les pommes de terre, l'oignon, l'ail et la moitié de l'origan. Faites mijoter pendant 15 minutes. Ajoutez les épinards et prolongez la cuisson de 5 minutes.

**3.** Réservez les légumes pour bébé. Mixez la soupe.

### Pour les 12-18 mois

Mixez 3 cuillerées à soupe d'épinards (60 g) et 1 grosse pomme de terre vapeur (70 g) avec 1 cuillerée à café d'oignon (10 g) et 2 cuillerées à café de crème fraîche.

### Pour les 6-12 mois

Mixez en purée 3 cuillerées à soupe d'épinards cuits (60 g) et 1 pomme de terre vapeur (50 g) avec 2 cuillerées à café de crème fraîche.

### Pour les adultes

Salez et poivrez. Mélangez chaque bol avec 1 cuillerée à soupe de crème. Parsemez de feta et d'origan.

### Pour les 18 mois à 3 ans

Mixez 4 cuillerées à soupe d'épinards (80 g), 1 grosse pomme de terre vapeur (70 g) avec 1 cuillerée à café d'oignon (10 g) et 2 cuillerées à café de crème fraîche. Servez garni de 2 dés de feta émiettés.

# AUBERGINE FARCIE

**POUR 4 PERSONNES**
**PRÉPARATION** 10 MIN
**CUISSON** 20 MIN

- ✘ 2 aubergines
- ✘ 125 g de quinoa (ou autre céréale)
- ✘ 1 poivron rouge
- ✘ 2 tomates
- ✘ 1 oignon blanc
- ✘ 1 gousse d'ail
- ✘ ⅓ de botte de coriandre
- ✘ Huile d'olive
- ✘ Sel, poivre

**1.** Préchauffez le four à 200 °C (th. 6-7). Taillez les aubergines en deux puis creusez l'intérieur avec une cuillère. Épluchez l'oignon et l'ail. Ciselez la coriandre.

**2.** Faites cuire le quinoa dans une casserole d'eau bouillante pendant 15 minutes. Égouttez-le.

**3.** Mixez la chair d'aubergine, l'oignon, l'ail et les tomates. Disposez sur une plaque de four les aubergines et les légumes mixés autour. Arrosez d'un filet d'huile et enfournez pour 10 minutes.

**4.** Remplissez les aubergines avec le quinoa et recouvrez avec les légumes. Enfournez pour 5 minutes supplémentaires.

**Pour les 6-12 mois**

Mixez 4 cuillerées à soupe d'aubergine cuite (80 g) avec 1 pomme de terre vapeur (50 g) et 1 cuillerée à café d'huile d'olive.

**Pour les 12-18 mois**

Hachez 6 cuillerées à soupe d'aubergine farcie (120 g).

**Pour les 18 mois à 3 ans**

Coupez en morceaux 10 cuillerées à soupe d'aubergine farcie (200 g).

**Pour les adultes**

Salez, poivrez, arrosez d'un filet d'huile d'olive et saupoudrez de coriandre.

# SOUPE DE PATATE DOUCE

**POUR 4 PERSONNES**
**PRÉPARATION** 15 MIN
**CUISSON** 25 MIN

- ✘ 1 patate douce (400 g)
- ✘ 2 carottes
- ✘ 1 oignon jaune
- ✘ 2 gousses d'ail
- ✘ 20 cl de lait de coco
- ✘ 1 cuil. à café de cumin en grains
- ✘ 1 morceau de 5 cm de gingembre frais
- ✘ ⅓ de botte de coriandre
- ✘ Huile d'olive
- ✘ Sel, poivre

**1.** Épluchez et émincez la patate douce, les carottes, l'oignon et l'ail. Épluchez et râpez le gingembre. Hachez la coriandre.

**2.** Versez les légumes dans une casserole d'eau bouillante. Faites mijoter pendant 20 minutes. Égouttez les légumes en conservant l'eau. Mettez de côté les légumes pour bébé.

**3.** Mixez les légumes avec le lait de coco, le cumin et suffisamment d'eau de cuisson pour obtenir une soupe nappante.

### Pour les 6-12 mois

Mixez en purée 7 cuillerées à soupe de carotte et de patate douce (140 g) sans cumin avec 1 cuillerée à café d'huile d'olive et 1 cuillerée à soupe de lait de coco.

### Pour les 12-18 mois

Mixez en purée 8 cuillerées à soupe de carotte et de patate douce (160 g) avec le cumin avec 1 cuillerée à café d'huile d'olive et 1 cuillerée à soupe de lait de coco. Saupoudrez de coriandre.

### Pour les 18 mois à 3 ans

Servez un petit bol du mélange adulte avec peu de gingembre, sous forme de soupe.

### Pour les adultes

Salez, poivrez et assaisonnez la soupe avec le gingembre frais. Arrosez d'un filet d'huile et saupoudrez de coriandre.

# GRATIN D'AUBERGINE AU PARMESAN ET BASILIC

**POUR 4 PERSONNES**
**PRÉPARATION** 15 MIN
**CUISSON** 30 MIN

- 2 aubergines
- 1 oignon jaune
- 2 gousses d'ail
- 50 cl de sauce tomate maison (voir page 16)
- 100 g de parmesan
- ½ botte de basilic
- Huile d'olive
- Sel, poivre

**1.** Préchauffez le four à 180 °C (th. 6). Coupez en morceaux les aubergines. Épluchez et émincez l'oignon et l'ail.

**2.** Versez les aubergines et l'oignon dans une casserole. Versez un fond d'eau et faites mijoter pendant 15 minutes. L'eau doit être évaporée en fin de cuisson.

**3.** Effeuillez et hachez le basilic. Mélangez la sauce, le basilic et l'ail.

**4.** Versez dans un plat à gratin les aubergines et la sauce. Recouvrez de parmesan et enfournez pour 15 minutes.

**Pour les 12-18 mois**

Servez 8 cuillerées à soupe du gratin (160 g).

**Pour les adultes**

Salez, poivrez et arrosez d'un filet d'huile d'olive.

**Pour les 18 mois à 3 ans**

Servez 7 cuillerées à soupe du gratin (140 g) et complétez avec 2 à 3 cuillerées à soupe de riz (60 g).

# TARTE COURGETTE CHÈVRE

**POUR 4 PERSONNES**
**PRÉPARATION** 10 MIN
**CUISSON** 20 MIN

- 1 pâte brisée salée
- 3 courgettes
- 150 g de bûche de chèvre
- 50 g de tomates confites
- 1 cuil. à soupe d'herbes de Provence
- 4 brins de ciboulette
- Huile d'olive
- Sel, poivre

**En + pour bébé :**

- 1 purée de légumes maison (voir page 16)

**1.** Préchauffez le four à 180 °C (th. 6). Taillez les courgettes et le chèvre en tranches.

**2.** Faites cuire pour bébé (âgé de 4 à 8 mois) 1 courgette dans une casserole avec un fond d'eau pendant 8 minutes. Il ne doit plus y avoir d'eau à la fin de la cuisson.

**3.** Étalez la pâte dans un plat chemisé de papier sulfurisé. Recouvrez-la avec les courgettes crues, le chèvre, les tomates confites puis saupoudrez d'herbes de Provence.

**4.** Arrosez d'un filet d'huile d'olive et enfournez pour 20 minutes.

***Pour les 12-18 mois***

Proposez une fine part de tarte à titre de découverte. Complétez avec une purée maison.

***Pour les adultes***

Salez, poivrez et parsemez de ciboulette ciselée.

***Pour les 18 mois à 3 ans***

Proposez à bébé une petite part de tarte coupée en gros dés.

# FRITTATA

**POUR 4 PERSONNES**
**PRÉPARATION** 15 MIN
**CUISSON** 15 MIN

- 8 œufs
- 200 g d'épinards
- ½ brocoli
- 300 g de tomates cerises
- 1 oignon rouge
- 2 gousses d'ail
- ⅓ de botte de coriandre
- Huile d'olive
- Sel, poivre

**En + pour bébé :**

- 1 pomme de terre vapeur

**1.** Coupez le brocoli en morceaux. Équeutez les épinards. Épluchez et hachez l'oignon et l'ail. Coupez les tomates cerises en quatre. Ciselez la coriandre. Cassez et fouettez les œufs.

**2.** Faites cuire le brocoli dans une casserole d'eau bouillante pendant 5 minutes. Ajoutez les épinards et prolongez la cuisson de 3 minutes. Égouttez-les. Mettez de côté les légumes pour bébé.

**3.** Faites revenir les tomates cerises, l'oignon et l'ail dans une poêle antiadhésive avec un filet d'huile d'olive pendant 5 minutes.

**4.** Versez dans la poêle le brocoli, les épinards et les œufs. Faites cuire pendant 2 minutes en mélangeant sans discontinuer. Laissez cuire à feu doux pendant 5 minutes et retournez sur une assiette. Saupoudrez de coriandre.

**Pour les 12-18 mois**

Coupez en petits morceaux 3 cuillerées à soupe de brocoli et d'épinards (60 g) avec une petite part de frittata (60 g) et 1 cuillerée à café d'huile d'olive.

**Pour les 6-12 mois**

Mixez 3 cuillerées à soupe de fritatta (60 g) avec une pomme de terre vapeur (50 g). Ajoutez 1 cuillerée à café d'huile d'olive.

**Pour les adultes**

Salez, poivrez et arrosez la frittata d'un filet d'huile d'olive.

**Pour les 18 mois à 3 ans**

Coupez en morceaux et servez 3 cuillerées à soupe de brocoli et d'épinards (70 g) avec une petite part de frittata (100 g) et 1 cuillerée à café d'huile d'olive.

# TARTE AUX POIREAUX

**POUR 4 PERSONNES**
**PRÉPARATION** 15 MIN
**CUISSON** 45 MIN

- ✘ 1 pâte brisée
- ✘ 4 poireaux
- ✘ 2 gousses d'ail
- ✘ 3 œufs
- ✘ 20 cl de crème 5 % MG
- ✘ 10 cl de lait entier
- ✘ Huile d'olive
- ✘ Sel, poivre

**En + pour bébé :**

- ✘ 1 purée de légumes maison (voir page 16)

**1.** Préchauffez le four à 180 °C (th. 6). Émincez les poireaux dans la longueur. Épluchez et hachez l'ail.

**2.** Faites cuire les poireaux dans une casserole d'eau bouillante pendant 10 minutes. Égouttez-les. Mettez de côté les poireaux pour bébé.

**3.** Cassez et fouettez les œufs avec le lait et la crème.

**4.** Disposez la pâte dans un plat chemisé de papier sulfurisé. Recouvrez avec les poireaux. Versez délicatement la préparation aux œufs et enfournez pour 35 minutes.

**Pour les 12-18 mois**

Proposez une fine lamelle à titre de dégustation. Complétez avec une purée de légumes maison.

**Pour les adultes**

Salez, poivrez et arrosez d'un filet d'huile d'olive.

**Pour les 18 mois à 3 ans**

Proposez à bébé ⅓ de part pour adulte.

# TARTE FEUILLETÉE AUX CHAMPIGNONS

**POUR 4 PERSONNES**
**PRÉPARATION** 10 MIN
**CUISSON** 33 MIN

- ✘ 1 pâte feuilletée
- ✘ 600 g de champignons de Paris
- ✘ 4 carottes
- ✘ 150 g de ricotta
- ✘ 1 gousse d'ail
- ✘ ¼ de botte de romarin
- ✘ Huile d'olive
- ✘ Sel, poivre

**1.** Préchauffez le four à 180 °C (th. 6). Éliminez la partie terreuse du pied des champignons. Épluchez l'ail et les carottes. À l'aide d'un robot de cuisine, émincez finement les champignons puis râpez l'ail et les carottes. Hachez le romarin.

**2.** Faites revenir les champignons et l'ail à la poêle avec un filet d'huile d'olive pendant 5 minutes. Dans une casserole, faites cuire les carottes avec un fond d'eau pendant 8 minutes. Il ne doit plus rester d'eau à la fin de la cuisson. Mettez de côté la carotte pour bébé.

**3.** Étalez la pâte dans un plat puis garnissez-la avec les champignons, les carottes, la ricotta et l'ail.

**4.** Saupoudrez de romarin fraîchement ciselé.

**5.** Arrosez d'un filet d'huile d'olive et enfournez pour 25 minutes.

**Pour les 6-12 mois**

Mixez 8 cuillerées à soupe de carotte (160 g) avec 1 cuillerée à café d'huile d'olive.

**Pour les 12-18 mois**

Proposez une fine lamelle de tarte à titre de découverte.

**Pour les 18 mois à 3 ans**

Proposez à bébé ⅓ de part pour adulte.

**Pour les adultes**

Salez, poivrez et saupoudrez de romarin.

# TOMATES FARCIES AU CHÈVRE

**POUR 4 PERSONNES**
**PRÉPARATION** 15 MIN
**CUISSON** 30 MIN

- 4 grosses tomates
- 150 g de bûche de chèvre
- ⅓ de baguette de pain
- 2 oignons fanes
- 2 gousses d'ail
- 2 branches de thym
- ⅓ de botte de persil
- 250 g de riz de Camargue
- Huile d'olive
- Sel, poivre

**En + pour bébé :**

- 1 purée de légumes maison (voir page 16)

**1.** Coupez les tomates en deux horizontalement et videz-les.

**2.** Coupez le chèvre et la baguette en tout petits morceaux. Épluchez l'ail. Émincez l'oignon et l'ail. Effeuillez le thym. Émincez le persil.

**3.** Garnissez les tomates avec le chèvre, le pain, les oignons, l'ail, le thym et le persil. Enfournez pour 30 minutes.

**4.** Faites cuire le riz dans un grand volume d'eau bouillante le temps indiqué sur l'emballage puis égouttez-le.

### Pour les 12-18 mois

Proposez quelques bouchées à bébé à titre de dégustation. Complétez avec une purée de légumes maison.

### Pour les adultes

Salez, poivrez et arrosez d'un filet d'huile d'olive. Servez accompagné du riz.

### Pour les 18 mois à 3 ans

Servez une demi-tomate farcie (120 g) accompagnée de riz bien cuit (50 g) et ajoutez 1 cuillerée à café d'huile d'olive.

# TAGLIATELLES DE COURGETTE, TOMATES CONFITES

**POUR 4 PERSONNES**
**PRÉPARATION** 15 MIN
**CUISSON** 4 MIN

- ✘ 5 courgettes
- ✘ 70 g de tomates confites
- ✘ 3 gousses d'ail
- ✘ 2 bottes de basilic
- ✘ 70 g de parmesan râpé
- ✘ 40 g d'amandes
- ✘ ⅓ de baguette de pain
- ✘ 50 g de pomme de terre cuite
- ✘ Huile d'olive
- ✘ Sel, poivre

**En + pour bébé :**

- ✘ 1 pomme de terre vapeur

**1.** Épluchez l'ail. Hachez l'ail, les tomates, les amandes et le basilic. Coupez la baguette en morceaux. Taillez les courgettes en tagliatelles à l'aide d'une mandoline ou d'un épluche-légumes.

**2.** Plongez les courgettes dans une casserole d'eau bouillante pendant 1 minute puis égouttez-les. Prolongez la cuisson de 3 minutes pour la portion bébé.

**3.** Faites revenir le pain, l'ail, les tomates et les amandes avec un filet d'huile d'olive pendant 3 minutes.

### Pour les 12-18 mois

Hachez au couteau 6 cuillerées à soupe de courgette cuite (120 g), 1 pomme de terre vapeur (50 g), une pincée de basilic et 1 cuillerée à soupe d'huile d'olive.

### Pour les 6-12 mois

Mixez 7 cuillerées à soupe de courgette très cuite (140 g), 1 pomme de terre vapeur (50 g) et 1 cuillerée à café d'huile d'olive.

### Pour les adultes

Versez les tagliatelles dans la poêle, salez, poivrez et mélangez avec les croûtons à la tomate, le parmesan et le basilic.

### Pour les 18 mois à 3 ans

Servez ½ part adulte accompagnée de croûtons en petites cubes et d'amandes concassées, nappés de 1 cuillerée à café d'huile d'olive.

# RIZ SAUTÉ AUX LÉGUMES
## SAUCE SOJA

**POUR 4 PERSONNES**
**PRÉPARATION** 10 MIN
**CUISSON** 18 MIN

- ✘ 400 g de riz de Camargue
- ✘ 3 oignons fanes
- ✘ 1 courgette
- ✘ 1 carotte
- ✘ 1 brocoli
- ✘ 8 cl de sauce soja sucrée
- ✘ 2 cuil. à soupe de vinaigre blanc
- ✘ 2 cuil. à soupe de graines de sésame
- ✘ Huile de pépins de raisin
- ✘ Sel, poivre

**En + pour bébé :**

- ✘ 1 pomme de terre vapeur

**1.** Faites cuire le riz dans une casserole d'eau bouillante pendant 15 minutes. Égouttez-le.

**2.** Épluchez la courgette et la carotte. Émincez les oignons, coupez la courgette, la carotte et le brocoli en petits morceaux.

**3.** Dans une casserole, faites cuire les légumes avec un fond d'eau pendant 10 minutes. Il ne doit plus rester d'eau à la fin de la cuisson.

### Pour les 6-12 mois

Mixez 3 cuillerées à soupe de légumes en retirant les oignons (60 g) avec 1 pomme de terre vapeur et 1 cuillerée à café d'huile d'olive.

### Pour les 12-18 mois

Hachez 4 cuillerées à soupe de légumes en triant les oignons (80 g) avec 2,5 cuillerées à soupe de riz blanc (50 g) et 2 cuillerées à soupe d'huile d'olive.

### Pour les 18 mois à 3 ans

Servez à l'enfant 8 cuillerées à soupe de légumes (160 g) avec 2,5 cuillerées à soupe de riz blanc (50 g) et 2 cuillerées à café d'huile d'olive.

### Pour les adultes

Faites revenir à la poêle le riz et les légumes avec un filet d'huile d'olive pendant 3 minutes. Ajoutez la sauce soja, le vinaigre, les graines de sésame, salez et poivrez.

# BUTTERNUT FARCIE
# SEMOULE, LÉGUMES, FETA

**POUR 4 PERSONNES**
**PRÉPARATION** 15 MIN
**CUISSON** 40 MIN

- ✘ 1 courge butternut de 900 g
- ✘ 100 g de semoule
- ✘ 1 courgette
- ✘ 1 poivron
- ✘ 1 oignon rouge
- ✘ 2 gousses d'ail
- ✘ 2 branches de thym
- ✘ 80 g de feta
- ✘ 1 citron
- ✘ Huile d'olive
- ✘ Sel, poivre

**1.** Préchauffez le four à 180 °C (th. 6). Versez 10 cl d'eau bouillante sur la semoule. Couvrez et laissez reposer 10 minutes.

**2.** Épluchez la butternut, coupez-la en deux et épépinez-la. Grattez un peu la chair à l'aide d'une cuillère et disposez les moitiés de butternut sur une plaque.

**3.** Videz le poivron. Lavez, pelez et coupez en petits morceaux le poivron, la courgette et la feta. Épluchez et hachez l'oignon et l'ail. Effeuillez le thym.

**4.** Mélangez semoule, poivron, courgette, ail, oignon et le thym puis versez dans la butternut. Arrosez d'un filet d'huile d'olive et enfournez pour 40 minutes.

**Pour les 12-18 mois**

Hachez au couteau 5 cuillerées à soupe de chair de butternut (100 g), 2 cuillerées à soupe de courgette (40 g) et 3 cuillerées à soupe de semoule (60 g). Garnissez de 2 dés de feta émiettée.

**Pour les 6-12 mois**

Prélevez 4 cuillerées à soupe de chair de butternut (80 g) et mixez-la avec 2 cuillerées à soupe de courgette (40 g), 2,5 cuillerées à soupe de semoule (50 g) et une pincée de coriandre.

**Pour les adultes**

Salez, poivrez et ajoutez la feta.

**Pour les 18 mois à 3 ans**

Coupez en morceaux 10 cuillerées à soupe (200 g) du plat des adultes sans sel.

# TOFU ET BROCOLI SAUTÉ AUX CHAMPIGNONS

**POUR 4 PERSONNES**
**PRÉPARATION** 15 MIN
**CUISSON** 15 MIN

- ✘ 200 g de tofu
- ✘ 200 g de riz de Camargue
- ✘ 1 brocoli
- ✘ 400 g de champignons de Paris
- ✘ 1 oignon jaune
- ✘ 2 gousses d'ail
- ✘ ⅓ de botte de coriandre
- ✘ 5 cl de sauce soja
- ✘ 1 cuil. à soupe de graines de sésame
- ✘ Huile d'olive
- ✘ Sel, poivre

**En + pour bébé :**

- ✘ 1 pomme de terre vapeur

**1.** Faites cuire le riz dans une casserole d'eau bouillante le temps indiqué sur l'emballage puis égouttez-le.

**2.** Coupez le tofu en morceaux. Taillez le brocoli en bouquets. Émincez les champignons. Épluchez et hachez l'oignon et l'ail. Ciselez la coriandre.

**3.** Faites cuire le brocoli dans une autre casserole d'eau bouillante pendant 8 minutes avant de l'égoutter. Dans une poêle, faites revenir le tofu, les champignons, l'oignon et l'ail avec un filet d'huile pendant 5 minutes.

### *Pour les adultes*

Servez le riz avec le brocoli et les légumes. Salez, poivrez et arrosez d'un filet de sauce soja. Saupoudrez de coriandre et de sésame.

### *Pour les 12-18 mois*

Hachez au couteau 7 cuillerées à soupe de brocoli (140 g), 1 cuillerée à café de champignons (10 g), écrasez 1 pomme de terre vapeur (50 g) nappée d'1 cuillerée à café d'huile d'olive et d'une pincée de coriandre.

### *Pour les 6-12 mois*

Mixez 6 cuillerées à soupe de brocoli (120 g), 1 pomme de terre vapeur (50 g), une pincée de coriandre et 1 cuillerée à café d'huile d'olive.

### *Pour les 18 mois à 3 ans*

Coupez 7 cuillerées à soupe de brocoli (140 g), 1,5 cuillerée à soupe de champignons et oignon (30 g), mélangez avec 2,5 cuillerées à soupe de riz cuit (50 g), une pincée de coriandre et 2 cuillerées à café d'huile d'olive.

# NOUILLES THAÏ VÉGÉ

**POUR 4 PERSONNES**
**PRÉPARATION** 5 MIN
**CUISSON** 13 MIN

- 300 g de nouilles de blé instantanées
- 3 carottes
- 200 g de haricots plats
- 200 g de tofu
- 4 cuil. à soupe de sauce soja
- 1 botte de basilic
- 3 branches de cive
- Huile d'olive
- Sel, poivre

**En + pour bébé :**

- 1 pomme de terre vapeur

**1.** Épluchez et hachez les carottes. Coupez le tofu en morceaux. Ciselez la cive et émincez le basilic.

**2.** Faites cuire les nouilles dans une casserole d'eau bouillante le temps indiqué sur le paquet. Égouttez-les.

**3.** Dans une casserole, faites cuire les carottes et les haricots plats dans un fond d'eau pendant 8 minutes. Il ne doit plus rester d'eau à la fin de la cuisson.

### Pour les 12-18 mois

Hachez 8 cuillerées à soupe de légumes (160 g) avec 2,5 cuillerées à soupe de nouilles (50 g), une pincée de basilic et 1 cuillerée à café d'huile d'olive.

### Pour les 6-12 mois

Mixez 3 cuillerées à soupe de légumes (60 g) avec 1 pomme de terre vapeur (50 g), une pincée de basilic et 1 cuillerée à café d'huile d'olive.

### Pour les adultes

Faites revenir les carottes, les haricots et le tofu à la poêle avec un filet d'huile d'olive pendant 3 minutes. Ajoutez les nouilles, la sauce soja et faites mijoter 2 minutes. Saupoudrez de basilic et de cive. Salez et poivrez.

### Pour les 18 mois à 3 ans

Servez 8 cuillerées à soupe de légumes (160 g) avec 2,5 cuillerées à soupe de nouilles (50 g), une pincée de basilic et 2 cuillerées à café d'huile d'olive.

# LÉGUMES RACINES CARAMÉLISÉS À LA GRENADE

**POUR 4 PERSONNES**
**PRÉPARATION** 15 MIN
**CUISSON** 20 MIN

- ✘ 2 carottes
- ✘ 2 panais
- ✘ 2 pommes de terre
- ✘ 2 betteraves cuites
- ✘ 1 grenade
- ✘ 1 oignon jaune
- ✘ 2 gousses d'ail
- ✘ 2 branches de thym
- ✘ ⅓ de botte de coriandre
- ✘ Huile d'olive
- ✘ Sel, poivre

**En + pour bébé :**

- ✘ 1 pomme de terre vapeur

**1.** Épluchez et coupez en morceaux les carottes, les panais, les pommes de terre, les betteraves, l'oignon et l'ail. Effeuillez le thym. Égrainez la grenade. Ciselez la coriandre.

**2.** Versez dans une casserole les légumes, la grenade, le thym, ½ verre d'eau et un filet d'huile.

**3.** Faites mijoter à couvert pendant 20 minutes.

### Pour les 6-12 mois

Mixez 5 cuillerées à soupe du mélange de légumes (140 g), 1 pomme de terre vapeur (50 g) et 1 cuillerée à soupe d'huile d'olive.

### Pour les 12-18 mois

Hachez au couteau 5 cuillerées à soupe du mélange de légumes (100 g), 1 pomme de terre vapeur (50 g) et 2 cuillerées à café d'huile d'olive.

### Pour les 18 mois à 3 ans

Coupez en morceaux 9 cuillerées à soupe des légumes de votre choix (180 g) et nappez de 2 cuillerées à café d'huile d'olive.

### Pour les adultes

Salez, poivrez, arrosez d'un filet d'huile d'olive et saupoudrez de coriandre.

# VÉGÉBOWL AU HOUMOUS

**POUR 4 PERSONNES**
**PRÉPARATION** 15 MIN
**CUISSON** 15 MIN

- ✘ 4 œufs
- ✘ 300 g de houmous (voir recette page 30)
- ✘ 150 g de riz de Camargue
- ✘ 300 g de falafels du commerce
- ✘ 2 tomates
- ✘ 1 poireau
- ✘ 1 oignon rouge
- ✘ 2 gousses d'ail
- ✘ 2 branches de thym
- ✘ 1 cuil. à café de cumin en grains
- ✘ 2 citrons jaunes
- ✘ Huile d'olive
- ✘ Sel, poivre

**1.** Faites cuire le riz dans une casserole d'eau bouillante pendant 15 minutes. Égouttez-le.

**2.** Plongez les œufs dans une casserole d'eau bouillante pendant 6 minutes puis rafraîchissez-les dans l'eau froide. Écalez les œufs.

**3.** Épluchez l'ail et l'oignon. Émincez les tomates, le poireau, l'oignon et l'ail. Effeuillez le thym.

**4.** Dans une casserole, faites cuire le poireau avec un fond d'eau pendant 10 minutes. Dans une poêle, faites revenir les falafels avec un filet d'huile d'olive pendant 5 minutes.

### *Pour les 12-18 mois*

Mélangez cuillerées à soupe de poireau (40 g) avec 3 cuillerée à soupe de riz (60 g) avec ½ œuf dur émietté, quelques dés de tomates et 1 cuillerée à café d'huile d'olive.

### *Pour les adultes*

Dressez le végébowl et pressez les 2 citrons sur le tout.

### *Pour les 18 mois à 3 ans*

Servez un mini-végébowl pour bébé : (3 cuillerées à soupe de riz, 60 g ; 3 cuillerées à soupe de poireau, 60 g ; ½ œuf dur ; 1 cuillerée à soupe de falafel émietté, 20 g ; quelques dés de tomates et 1 cuillerée à soupe d'huile d'olive).

# MIJOTÉ DE LÉGUMES COMME UN TAJINE

**POUR 4 PERSONNES**
**PRÉPARATION** 10 MIN
**CUISSON** 25 MIN

- ✘ 3 pommes de terre
- ✘ 3 carottes
- ✘ 1 courgette
- ✘ 3 tomates
- ✘ 1 oignon jaune
- ✘ 4 gousses d'ail
- ✘ 150 g de pois chiches cuits au naturel
- ✘ ½ botte de persil
- ✘ 50 g d'olives
- ✘ 2 cuil. à soupe de ras el-hanout
- ✘ Huile d'olive
- ✘ Sel, poivre

**1.** Épluchez les pommes de terre, les carottes, l'oignon et l'ail.

**2.** Hachez l'oignon, l'ail et le persil. Coupez en petits morceaux les pommes de terre, les carottes, les tomates et la courgette.

**3.** Disposez les ingrédients dans une casserole avec couvercle dans l'ordre suivant : les oignons, les pommes de terre, les tomates, la moitié du persil, l'ail, les carottes, la courgette, les pois chiches et les olives. Arrosez d'un verre d'eau et d'un bon filet d'huile d'olive.

**4.** Fermez le couvercle et faites mijoter à feu doux pendant 25 minutes.

**Pour les 6-12 mois**

Mixez 7 cuillerées à soupe de légumes (140 g) en limitant les oignons et sans pois chiches ni ail, avec une pincée de persil.

**Pour les 12-18 mois**

Hachez 8 cuillerées à soupe de légumes (160 g) et une pincée de persil.

**Pour les 18 mois à 3 ans**

Servez 9 cuillerées à soupe de légumes adulte (180 g) avec une pincée de ras el-hanout et une pincée de persil.

**Pour les adultes**

Salez, poivrez et saupoudrez de ras el-hanout et du restant de persil.

# GNOCCHIS, COULIS DE PERSIL CUIT AU GORGONZOLA

**POUR 4 PERSONNES**
**PRÉPARATION** 15 MIN
**CUISSON** 10 MIN

- ✘ 600 g de gnocchis du commerce
- ✘ 150 g de gorgonzola
- ✘ 2 bottes de persil
- ✘ 4 branches de cive
- ✘ 2 gousses d'ail
- ✘ Huile d'olive
- ✘ Sel, poivre

**En + pour bébé :**

- ✘ 1 purée de légumes maison (voir page 16)

**1.** Coupez le gorgonzola en morceaux. Effeuillez le persil. Émincez la cive. Épluchez et hachez l'ail.

**2.** Dans une casserole, faites cuire le persil pendant 5 minutes. Égouttez-le et mixez-le.

**3.** Dans une poêle, faites revenir les gnocchis avec l'ail, la cive et un filet d'huile d'olive pendant 5 minutes.

### Pour les 12-18 mois

Proposez à bébé quelques gnocchis à titre de découverte et accompagnez d'une purée de légumes de votre choix.

### Pour les adultes

Mélangez les gnocchis avec le gorgonzola et le coulis de persil. Salez et poivrez.

### Pour les 18 mois à 3 ans

Proposez à bébé quelques gnocchis à titre de découverte et accompagnez d'une purée de légumes de votre choix, saupoudrée d'un peu de gorgonzola émietté.

# TABOULÉ

**POUR 4 PERSONNES**
**PRÉPARATION** 15 MIN
**CUISSON** 10 MIN

- 200 g de semoule
- 1 concombre
- 1 poivron rouge
- 2 tomates
- 1 oignon rouge
- 1 citron jaune
- 1 cuil. à café de cumin en grains
- ⅓ de botte de coriandre
- ⅓ de botte de menthe
- Huile d'olive
- Sel, poivre

**En + pour bébé :**

- 1 purée de légumes maison (voir page 16)

**1.** Versez 40 cl d'eau bouillante sur la semoule. Couvrez et laissez reposer 10 minutes.

**2.** Épluchez et émincez l'oignon. Videz le poivron. Coupez en petits dés le concombre, le poivron et les tomates. Effeuillez et hachez la coriandre et la menthe.

### Pour les adultes

Mélangez la semoule, le concombre, le poivron, les tomates, l'oignon, le cumin, la coriandre et la menthe. Salez, poivrez et arrosez d'un filet d'huile. Pressez le citron sur le tout.

### Pour les 12-18 mois

Proposez à bébé 1 cuillerée à soupe de taboulé adulte en entrée (20 g), à titre de découverte. Complétez son repas avec une purée de légumes maison.

### Pour les 18 mois à 3 ans

Servez en entrée 2 cuillerées à soupe du taboulé (40 g) préparé à l'attention des adultes. Complétez son repas avec une purée de légumes maison.

# SALADE QUINOA, CAROTTE, AVOCAT

**POUR 4 PERSONNES**
**PRÉPARATION** 10 MIN
**CUISSON** 15 MIN

- ✘ 250 g de quinoa
- ✘ 2 carottes
- ✘ 1 poignée de mesclun
- ✘ 1 avocat
- ✘ 4 œufs
- ✘ ½ botte de coriandre
- ✘ 4 cuil. à soupe de vinaigre de vin
- ✘ Huile d'olive
- ✘ Sel, poivre

**En + pour bébé :**

- ✘ 1 pomme de terre vapeur

**1.** Épluchez les carottes, videz et dénoyautez l'avocat. Émincez les carottes et l'avocat. Ciselez la coriandre.

**2.** Faites cuire le quinoa et les carottes dans deux casseroles d'eau bouillante pendant 15 minutes avant de les égoutter.

**3.** Dans une poêle, cassez et faites cuire les œufs au plat avec un filet d'huile d'olive.

### Pour les 12-18 mois

Hachez 5 cuillerées à soupe de carotte (100 g) avec 2 cuillerées à soupe de quinoa (40 g) si votre enfant en apprécie la texture, ½ œuf dur, une pincée de persil et 1 cuillerée d'huile d'olive.

### Pour les 6-12 mois

Mixez 3 cuillerées à soupe de carotte (60 g) avec 1 pomme de terre vapeur (50 g) et 1 cuillerée à soupe d'huile d'olive.

### Pour les adultes

Mélangez le quinoa, le mesclun, les avocats et les œufs. Parsemez de coriandre, salez, poivrez et arrosez d'un filet d'huile d'olive et de vinaigre.

### Pour les 18 mois à 3 ans

Servez 7 cuillerées à soupe du mélange adulte (140 g). Ajoutez 1 cuillerée à café d'huile d'olive, ½ œuf dur et 1 pincée de persil.

# PAELLA VÉGÉTARIENNE

**POUR 4 PERSONNES**
**PRÉPARATION** 10 MIN
**CUISSON** 20 MIN

- ✘ 250 g de riz rond
- ✘ 1 courgette
- ✘ 1 poignée de pois gourmands
- ✘ 1 poivron rouge
- ✘ 1 oignon jaune
- ✘ 2 gousses d'ail
- ✘ 2 capsules de safran
- ✘ ⅓ de botte de coriandre
- ✘ 1 bouquet garni
- ✘ Huile d'olive
- ✘ Sel
- ✘ Piment d'Espelette

**En + pour bébé :**

- ✘ 1 pomme de terre vapeur

**1.** Videz le poivron. Émincez et épluchez la courgette, les pois gourmands et le poivron. Épluchez et hachez l'oignon et l'ail. Ciselez la coriandre.

**2.** Versez dans une poêle les légumes, le riz, le safran, le bouquet garni et 1 l d'eau.

**3.** Faites cuire à feu doux pendant 20 minutes.

***Pour les 6-12 mois***

Mixez 2 cuillerées à soupe de courgette (40 g), 2 cuillerées à soupe de petits pois (40 g), et 1 pomme de terre vapeur (50 g) avec 1 cuillerée à soupe d'huile d'olive.

***Pour les 12-18 mois***

Hachez au couteau 2 cuillerées à soupe de courgette (40 g), 2 cuillerées à soupe de petits pois (40 g) et 2 cuillerées à soupe de pois gourmands (40 g). Mélangez avec 4 cuillerées à soupe de riz (80 g), 1 cuillerée à soupe d'huile d'olive et une pincée de coriandre si votre enfant l'apprécie.

***Pour les adultes***

Salez, pimentez et arrosez d'un bon filet d'huile d'olive. Saupoudrez de coriandre.

***Pour les 18 mois à 3 ans***

Servez 10 cuillerées à soupe de paella (200 g) sans piment.

# **BIBIMBAP** VÉGÉTARIEN

**POUR 4 PERSONNES**
**PRÉPARATION** 15 MIN
**CUISSON** 25 MIN

- 200 g de riz de Camargue
- 4 œufs
- 1 petite patate douce
- 2 carottes
- 200 g de champignons (si possible shiitakés)
- 100 g de maïs cuit
- ½ concombre
- 1 gousse d'ail
- 1 morceau de 5 cm de gingembre frais
- ⅓ de botte de coriandre
- 5 cl de sauce soja
- 3 cuil. à café de vinaigre (de riz, de cidre ou de Xérès)
- 1 cuil. à soupe de graines de sésame
- Huile d'olive
- Sel
- Poudre de piment d'Espelette

**1.** Faites cuire le riz dans une casserole d'eau bouillante pendant 15 minutes. Égouttez-le. Faites cuire les œufs pendant 11 minutes dans une casserole d'eau bouillante et écalez-les.

**2.** Épluchez les carottes, le concombre, la patate douce, l'ail et le gingembre. Râpez les carottes, l'ail et le gingembre. Émincez le concombre et coupez la patate douce en morceaux. Lavez et coupez les champignons en morceaux. Ciselez la coriandre.

**3.** Faites cuire la patate douce dans une casserole d'eau bouillante pendant 15 minutes. Égouttez-la. Dans une poêle, faites revenir les champignons avec l'ail, le gingembre et un filet d'huile d'olive pendant 5 minutes.

**Pour les 6-12 mois**

Mixez 3 cuillerées à soupe de patate douce (60 g), 2 cuillerées à soupe de maïs (40 g), ¼ d'œuf dur et 1 cuillerée à soupe d'huile d'olive.

**Pour les 12-18 mois**

Hachez au couteau 1 cuillerée à soupe de patate douce (20 g), 2 cuillerées à soupe de maïs (40 g), avec 2 cuillerées à soupe de riz (60 g), 1 cuillerée à soupe de champignons, ½ œuf dur et 1 cuillerée à café d'huile d'olive.

**Pour les adultes**

Dressez tous les ingrédients dans le bol sur le riz. Salez, poivrez et arrosez d'un filet d'huile, de sauce soja et de vinaigre. Saupoudrez de coriandre et de sésame.

**Pour les 18 mois à 3 ans**

Servez 2 cuillerées à soupe de patate douce (40 g), 1 cuillerée à soupe de carotte râpée (20 g), 2 cuillerées à soupe de maïs (40 g), ½ œuf dur et 3 cuillerées à soupe de riz (60 g), 1 pincée de coriandre, 1 cuillerée à soupe d'huile d'olive et 1 pointe de sauce soja.

# CANNELLONI AUX ÉPINARDS

**POUR 4 PERSONNES**
**PRÉPARATION** 10 MIN
**CUISSON** 30 MIN

- ✘ 250 g de cannelloni
- ✘ 1 kg d'épinards
- ✘ 700 g de ricotta 0 % MG
- ✘ 2 gousses d'ail
- ✘ ½ cuil. à café de noix de muscade râpée
- ✘ 30 g de parmesan
- ✘ Huile d'olive
- ✘ Sel, poivre

**En + pour bébé :**

- ✘ 1 purée de légumes maison (voir page 16)

**1.** Préchauffez le four à 180 °C (th. 6). Équeutez les épinards, épluchez l'ail.

**2.** Faites cuire les épinards dans une casserole d'eau bouillante pendant 6 minutes. Égouttez-les et pressez-les. Mettez les épinards pour bébé de côté.

**3.** Mixez les épinards, l'ail, la ricotta et la noix de muscade.

**4.** Garnissez et recouvrez les cannelloni avec la farce et parsemez de parmesan.

**5.** Enfournez les cannelloni et laissez cuire le temps indiqué sur le paquet (20 à 25 minutes environ).

**Pour les 12-18 mois**

Proposez une petite bouchée du plat à titre de découverte. Complétez avec une purée de légumes maison.

**Pour les adultes**

Arrosez d'un filet d'huile d'olive, salez et poivrez les cannelloni.

**Pour les 18 mois à 3 ans**

Servez ⅓ de part adulte coupée en morceaux.

# TAGLIATELLES ÉPINARDS ET CHÈVRE FRAIS

**POUR 4 ADULTES**
**PRÉPARATION** 15 MIN
**CUISSON** 10 MIN

- ✘ 500 g de tagliatelles fraîches
- ✘ 400 g d'épinards
- ✘ 200 g de chèvre frais
- ✘ 2 oignons fanes
- ✘ 2 gousses d'ail
- ✘ 2 branches de thym
- ✘ Huile d'olive
- ✘ Sel, poivre

**En + pour bébé :**

- ✘ 1 pomme de terre vapeur

**1.** Faites cuire les tagliatelles dans une casserole d'eau bouillante le temps indiqué sur le paquet. Égouttez-les.

**2.** Équeutez, émincez et plongez les épinards dans une autre casserole d'eau bouillante pendant 5 minutes.

**3.** Épluchez l'ail. Hachez l'ail et les oignons. Effeuillez le thym.

**4.** Faites revenir l'ail et l'oignon avec un filet d'huile pendant 5 minutes.

***Pour les 12-18 mois***

Hachez au couteau 3,5 cuillerées à soupe d'épinards (70 g) et 2,5 cuillerées à soupe de tagliatelles (50 g). Mélangez avec 1 cuillerée à café d'oignon et d'ail (10 g) et 1 cuillerée à café d'huile d'olive.

***Pour les 6-12 mois***

Mixez 3 cuillerées à soupe d'épinards cuits à l'eau (60 g) avec 1 pomme de terre vapeur (50 g) et 1 cuillerée à café d'huile d'olive.

***Pour les adultes***

Mélangez les tagliatelles, les épinards, le chèvre, l'ail et l'oignon. Salez, poivrez.

***Pour les 18 mois à 3 ans***

Coupez en morceaux 44 cuillerées à soupe d'épinards (80 g) et 3 cuillerées à soupe de tagliatelles (60 g). Ajoutez le mélange d'oignon et d'ail (10 g) et 2 à 3 petits dés de chèvre.

# SALADE DE LENTILLES ET TRÉVISE

**POUR 4 PERSONNES**
**PRÉPARATION** 10 MIN
**CUISSON** 10 MIN

- ✘ 250 g de lentilles corail
- ✘ 1 salade trévise ou ¼ de chou rouge
- ✘ 1 avocat
- ✘ 2 tomates
- ✘ 1 oignon doux
- ✘ 1 branche de romarin
- ✘ 4 cuil. à soupe de vinaigre balsamique
- ✘ 1 cuil. à soupe de miel
- ✘ 30 g de comté râpé
- ✘ Huile d'olive
- ✘ Sel, poivre

**1.** Faites cuire les lentilles dans une casserole d'eau bouillante le temps indiqué sur le paquet avant les égoutter.

**2.** Dénoyautez et videz l'avocat. Effeuillez et hachez le romarin. Effeuillez et émincez la trévise ou le chou. Émincez l'avocat, les tomates et l'oignon.

**3.** Dans une casserole, faites revenir la trévise ou le chou avec un filet d'huile d'olive, le vinaigre et le miel pendant 5 minutes.

**Pour les 12-18 mois**

Hachez 4 cuillerées à soupe de lentilles (80 g), ¼ avocat en dés, quelques dés de tomate et 1 cuillerées à soupe de salade cuite (20 g). Ajoutez une pincée de romarin.

**Pour les adultes**

Mélangez les lentilles, la trévise ou le chou, l'avocat, les tomates, les oignons, le romarin. Salez, poivrez et saupoudrez de comté.

**Pour les 18 mois à 3 ans**

Servez 4 cuillerées à soupe de lentilles (80 g), ¼ avocat en dés, quelques dés de tomate et 2 cuillerées à soupe de salade cuite (40 g). Ajoutez une pincée de romarin.

# GRATIN COURGETTE-CAROTTE

**POUR 4 PERSONNES**
**PRÉPARATION** 5 MIN
**CUISSON** 13 MIN

- 4 courgettes
- 10 carottes
- 3 gousses d'ail
- 200 g de fromage de chèvre frais
- 30 g de parmesan râpé
- 20 g de chapelure
- 1 botte de basilic
- Huile d'olive
- Sel, poivre

**En + pour bébé :**

- 1 pomme de terre vapeur

**1.** Préchauffez le four en mode gril. Épluchez les carottes et l'ail. À l'aide d'un robot de cuisine, râpez l'ail, les carottes et les courgettes. Ciselez le basilic.

**2.** Dans une casserole, faites cuire les carotte et les courgettes avec un fond d'eau pendant 10 minutes. Il ne doit pas rester d'eau à la fin de la cuisson. Mettez de côté les légumes pour bébé.

**3.** Mélangez les légumes avec l'ail, le chèvre et le basilic. Versez dans un plat à gratin.

**4.** Parsemez de parmesan et de chapelure et faites gratiner au four pendant 3 minutes.

**Pour les adultes**

Salez, poivrez, arrosez d'huile d'olive et servez.

**Pour les 12-18 mois**

Hachez 7 cuillerées à soupe de mélange de carottes et de courgette (140 g) avec une pomme de terre vapeur (50 g) et ajoutez une pincée de basilic et 2 cuillerées à café d'huile d'olive.

**Pour les 6-12 mois**

Mixez 2 cuillerées à soupe de carotte (40 g) avec 2 cuillerées à soupe de courgette (40 g), 1 pomme de terre vapeur (50 g), 1 cuillerée à café d'huile d'olive et une pincée de basilic.

**Pour les 18 mois à 3 ans**

Servez 6 cuillerées à soupe de gratin.

PALLARES
SOLSONA

# SPAGHETTIS DE PATATE DOUCE À LA CRÈME DE SAUGE

**POUR 4 PERSONNES**
**PRÉPARATION** 15 MIN
**CUISSON** 5 MIN

- ✘ 1 kg de patate douce
- ✘ 3 gousses d'ail
- ✘ 60 cl de crème liquide + un peu pour bébé
- ✘ 4 branches de sauge
- ✘ 2 cuil. à soupe de mélange de graines pour salade
- ✘ Huile d'olive
- ✘ Sel, poivre

**1.** Épluchez et coupez la patate en spaghettis à l'aide d'une mandoline munie de l'accessoire à julienne.

**2.** Épluchez et hachez l'ail. Effeuillez et ciselez la sauge.

**3.** Dans une casserole d'eau bouillante, faites cuire la patate douce pendant 5 minutes. Égouttez-la.

**4.** Dans une petite casserole, faites mijoter l'ail, la crème et la sauge pendant 5 minutes.

**Pour les 6-12 mois**

Mixez 8 cuillerées à soupe de patate douce (160 g) avec 1 cuillerée à café de crème fraîche.

**Pour les 12-18 mois**

Servez 9 cuillerées à soupe de soupe de patate douce (180 g) écrasée avec 1 cuillerée à café de crème fraîche.

**Pour les 18 mois à 3 ans**

Coupez en petits dés 9 cuillerées à soupe de soupe de patate douce (180 g) et servez avec 2 cuillerées à soupe de crème à la sauge (40 g).

**Pour les adultes**

Salez et poivrez les spaghettis. Arrosez de la crème et d'un filet d'huile d'olive. Saupoudrez de petites graines.

# DESSERTS ET GOÛTERS

# SOUPE DE FRAISE
# À LA MENTHE

**POUR 4 PERSONNES**
**PRÉPARATION** 5 MIN

- 1 kg de fraises
- 4 branches de menthe
- 150 g de fromage blanc
- 1 citron jaune bio
- 3 cuil. à soupe de sirop d'agave

**1.** Râpez les zestes du citron préalablement lavé et pressez-le pour en récupérer le jus.

**2.** Effeuillez la menthe.

**3.** Lavez, équeutez et mixez les fraises.

### Pour les 6-12 mois

Proposez 4 cuillerées à soupe de fromage blanc (80 g) avec 1 cuillerée à café de sucre (5 g) et 4 cuillerée à soupe de fraises mixées (80 g).

### Pour les adultes

Mélangez les fraises mixées avec les zestes et le jus de citron, la menthe et le sirop d'agave. Servez avec 1 cuillerée à soupe de fromage blanc dans chaque bol.

### Pour les 12 mois à 3 ans

Proposez 5 cuillerées à soupe de fromage blanc (100 g) avec 1 cuillerée à café de sucre (5 g) et 4 cuillerées à soupe de fraises mixées (80 g).

# CRÊPES
# SAUCE CHOCOLAT

**POUR 4 PERSONNES**
**PRÉPARATION** 15 MIN
**CUISSON** 25 MIN

**Ingrédients de la pâte à crêpes :**

- 200 g de farine
- 30 g de beurre ou d'huile neutre
- 6 œufs
- 50 cl de lait
- Sel

**Ingrédients de la sauce chocolat :**

- 150 g de chocolat noir
- 10 cl de lait entier
- 2 cuil. à soupe de purée de noisettes ou d'amandes
- 40 g de pralin

**1.** Cassez et fouettez les œufs avec une pincée de sel. Incorporez petit à petit la farine et le lait jusqu'à obtenir une texture homogène.

**2.** Faites cuire les crêpes dans une poêle antiadhésive chaude et légèrement graissée avec du beurre ou de l'huile.

**3.** Concassez le chocolat.

**4.** Versez le lait, la purée de noisette et le pralin dans une casserole. Portez à ébullition et versez sur le chocolat. Mélangez jusqu'à obtenir une préparation homogène.

**Pour les 12-18 mois**

Proposez à bébé quelques morceaux de crêpe à titre de dégustation.

**Pour les adultes**

Servez les crêpes avec la sauce chocolat.

**Pour les 18 mois à 3 ans**

Servez une crêpe à bébé avec 1 cuillerée à café de sauce chocolat (10 g).

# PAINS AU LAIT

**POUR 4 PERSONNES**
**PRÉPARATION** 15 MIN
**REPOS** 2 H
**CUISSON** 16 MIN

- ✘ 400 g de farine
- ✘ 1 sachet de levure de boulanger
- ✘ 25 cl de lait tiède (+ 4 cuillerées à soupe pour dorer)
- ✘ 80 g de beurre pommade
- ✘ 1 œuf
- ✘ 30 g de sucre
- ✘ 5 g de sel

**1.** Cassez et fouettez l'œuf avec la levure dans le lait.

**2.** À l'aide d'un robot pâtissier muni du crochet, mélangez puis pétrissez la farine, le lait, le beurre, le sucre et le sel pendant 10 minutes.

**3.** Laissez reposer 1 heure à température ambiante. Formez 16 pains et disposez-les sur une plaque chemisée de papier sulfurisé. Laissez reposer 1 heure à température ambiante.

**4.** Badigeonnez les pains de lait, entaillez-les légèrement avec la pointe d'un couteau, puis enfournez pour 16 minutes. Badigeonnez-les deux fois de lait à la sortie du four.

**Pour les adultes**

Encore meilleur coupé en deux, grillé au grille-pain et badigeonné de pâte à tartiner ou de confiture.

**Pour les 18 mois à 3 ans**

Servez un pain au lait à bébé, par exemple au petit déjeuner.

ML
240
210
180
150
120
90

# PETITS SABLÉS AUX CÉRÉALES

**POUR 4 PERSONNES**
**PRÉPARATION** 15 MIN
**CUISSON** 20 MIN

- ✘ 200 g de farine de petit épeautre
- ✘ 13 cl d'huile de coco fondue
- ✘ 120 g de sucre de coco
- ✘ 30 g de flocons d'avoine
- ✘ 1 œuf
- ✘ 1 cuil. à café de bicarbonate de soude

**1.** Cassez et fouettez l'œuf avec le sucre et le bicarbonate. Réduisez les flocons d'avoine en poudre à l'aide d'un mixeur. Mélangez la farine et la poudre de flocons d'avoine.

**2.** Incorporez l'huile de coco aux œufs puis la farine jusqu'à obtenir un résultat homogène.

**3.** À l'aide d'un rouleau à pâtisserie, étalez la pâte sur une plaque recouverte d'un papier sulfurisé. Enfournez pour 20 minutes.

**4.** À la sortie du four, coupez le sablé encore chaud, en lui donnant la forme souhaitée, à l'aide d'un couteau.

**Pour les adultes**

Dégustez au café ou pour accompagner une salade de fruits.

**Pour les 18 mois à 3 ans**

Faites déguster quelques sablés à bébé. Détaillez-les dans des formes amusantes (étoile, carré, losange...). Vous pouvez réduire la quantité de sucre de moitié si vous souhaitez en donner régulièrement à votre enfant.

# CAKE AUX POMMES

**POUR 6 PERSONNES**
**PRÉPARATION** 15 MIN
**CUISSON** 45 MIN

- ✘ 800 g de pommes
- ✘ 3 œufs
- ✘ 10 cl de lait entier
- ✘ 160 g de farine
- ✘ 50 g de sucre de coco
- ✘ 80 g de beurre fondu
- ✘ 1 gousse de vanille
- ✘ ½ sachet de levure
- ✘ 2 cuil. à soupe de miel
- ✘ Sel

**1.** Préchauffez le four à 180 °C (th. 6). Épluchez, videz et émincez les pommes. Fendez la gousse de vanille en deux et prélevez les grains à l'aide de la pointe d'un couteau.

**2.** Cassez et fouettez les œufs avec le sucre, les grains de vanille, la levure et le sel. Incorporez 150 g de farine et 70 g de beurre.

**3.** Chemisez un moule à cake avec le beurre puis la farine restants. Versez les pommes et la pâte dans le moule puis enfournez pour 45 minutes.

***Pour les 12-18 mois***

Proposez quelques morceaux de cake à titre de découverte.

***Pour les adultes***

Servez arrosé d'un bon filet de miel.

***Pour les 18 mois à 3 ans***

Proposez une petite part à bébé.

# PUDDING CAKE À LA BANANE

**POUR 6 PERSONNES**
**PRÉPARATION** 15 MIN
**CUISSON** 30 MIN

- ✘ 230 g de farine (+ 10 g pour le moule)
- ✘ 2 œufs
- ✘ 100 g de beurre fondu (+ 10 g pour le moule)
- ✘ 140 g de sucre de coco
- ✘ 50 g de noix de coco râpée (+ 20 g pour la décoration)
- ✘ 20 cl de lait de coco
- ✘ 3 bananes
- ✘ 20 g de sirop d'agave

**1.** Épluchez les bananes. Émincez finement 1 banane. Chemisez un moule à gâteau de beurre, de farine puis avec les tranches de banane.

**2.** À l'aide d'une fourchette, écrasez les 2 bananes restantes. Cassez et fouettez les œufs avec les bananes et le sucre. Incorporez la farine, le beurre, la poudre de coco et le lait de coco.

**3.** Versez la pâte dans le moule puis enfournez pour 30 minutes.

**Pour les 12-18 mois**

Proposez quelques morceaux de gâteau à titre de découverte.

**Pour les adultes**

Saupoudrez de coco râpée et arrosez d'un filet de sirop d'agave.

**Pour les 18 mois à 3 ans**

Proposez une petite part de gâteau à bébé.

# RIZ AU LAIT
# AUX RAISINS SECS

**POUR 6 PERSONNES**
**PRÉPARATION** 10 MIN
**CUISSON** 18 MIN

- ✘ 150 g de riz rond
- ✘ 50 cl de lait
- ✘ 80 g de sucre
- ✘ 1 gousse de vanille
- ✘ 80 g de raisins secs
- ✘ 2 étoiles de badiane
- ✘ 3 cuil. à soupe de miel

**1.** Fendez la gousse de vanille en deux et prélevez les grains à l'aide de la pointe d'un couteau.

**2.** Faites cuire le riz dans une casserole d'eau bouillante pendant 10 minutes. Égouttez le riz et reversez-le dans la casserole avec le lait, les grains et la gousse de vanille, les raisins secs et la badiane. Portez à ébullition et faites cuire pendant 8 minutes.

**3.** Prélevez la gousse de vanille et les étoiles de badiane. Mélangez avec le sucre.

***Pour les 12-18 mois***

Proposez 7 cuillerées à soupe de riz au lait (140 g).

***Pour les adultes***

Servez arrosé d'un bon filet de miel.

***Pour les 18 mois à 3 ans***

Proposez 8 cuillerées à soupe de riz au lait (160 g).

LE TOUCAN

# GÂTEAU AU YAOURT

**POUR 6 PERSONNES**
**PRÉPARATION** 15 MIN
**CUISSON** 25 MIN

- ✘ 1 pot de yaourt nature
- ✘ 2 pots de sucre de coco (+ 1 cuil. à soupe pour la finition)
- ✘ 3 œufs
- ✘ 3 pots de farine
- ✘ 1 pot d'huile de pépins de raisin
- ✘ 3 cuil. à soupe d'amandes effilées (facultatif)

**1.** Préchauffez le four à 180 °C (th. 6). Cassez et fouettez les œufs avec le yaourt, le sucre, la farine et l'huile jusqu'à obtenir un mélange homogène.

**2.** Versez la préparation dans un moule chemisé de papier sulfurisé.

**3.** Enfournez pour 25 minutes.

**Pour les 12-18 mois**

Proposez quelques morceaux de gâteau sans amandes à titre de découverte.

**Pour les adultes**

Parsemez d'amandes et de sucre et faites caraméliser le dessus au chalumeau ou au four en mode gril pendant 2 minutes.

**Pour les 18 mois à 3 ans**

Proposez part de gâteau à bébé sans amandes effilées.

# CRUMBLE
# POIRE-CHOCOLAT

**POUR 4 PERSONNES**
**PRÉPARATION** 5 MIN
**CUISSON** 15 MIN

- ✘ 4 poires
- ✘ 60 g de chocolat noir
- ✘ 40 g de farine
- ✘ 40 g de poudre de coco
- ✘ 30 g de sucre cassonade
- ✘ 25 g de beurre
- ✘ Sel

**1.** Préchauffez le four à 180 °C (th. 6). Concassez le chocolat et faites-le fondre au bain-marie ou au micro-ondes.

**2.** Épluchez les poires, videz-les et coupez-les en morceaux.

**3.** Mélangez la farine, le sucre, la poudre de coco, le beurre et une pincée de sel.

**4.** Disposez les poires dans 4 petits plats à gratin, recouvrez de chocolat puis de pâte à crumble. Enfournez 15 minutes.

***Pour les 12-18 mois***

Proposez à bébé 1 à 2 cuillerées à café à titre de dégustation.

***Pour les adultes***

Servez un ramequin par personne.

***Pour les 18 mois à 3 ans***

Servez un demi-ramequin à bébé en lui proposant surtout de la poire.

# MONT-BLANC
# À LA FAISSELLE

**POUR 4 PERSONNES**
**PRÉPARATION** 15 MIN
**CUISSON** 1 H

- ✘ 3 blancs d'œufs
- ✘ 40 g de sucre en poudre
- ✘ 50 g de sucre glace (30 g pour la meringue)
- ✘ 200 g de faisselle
- ✘ 130 g de crème de marrons sans sucre

**1.** Préchauffez le four à 110 °C (th. 3-4). À l'aide d'un batteur électrique, montez les blancs en neige (comptez 7 minutes). Ajoutez le sucre en poudre, 30 g de sucre glace et fouettez pendant 5 minutes supplémentaires.

**2.** Étalez la meringue sur une plaque recouverte de papier sulfurisé. Enfournez pour 1 heure.

**3.** Sortez du four et, à l'aide d'un couteau, coupez la meringue en huit.

### Pour les 6-12 mois

Servez 4 cuillerées à soupe de faisselle (80 g) avec 1 cuillerée à café de sucre.

### Pour les 12-18 mois

Servez 4 cuillerées à soupe de faisselle (80 g) avec une belle cuillerée à café de crème de marrons (15 g).

### Pour les 18 mois à 3 ans

Proposez 6 cuillerées à soupe de faisselle (120 g) avec 1 petite cuillerée à café de crème de marrons (20 g), saupoudrez d'une pincée de miettes de meringue.

### Pour les adultes

Dressez le mont-blanc : badigeonnez un morceau de meringue de faisselle. Disposez un second morceau par-dessus. À l'aide d'une poche à douille fine, couvrez de crème de marrons. Saupoudrez de sucre glace.

# COMPOTE DE FRUITS

**POUR 4 PERSONNES**
**PRÉPARATION** 15 MIN
**CUISSON** 30 MIN

- 800 g de fruits frais (ici 2 pommes et 2 poires)
- 2 étoiles de badiane
- 1 gousse de vanille

**Pour la finition :**

- 1 poignée de chouchous
- 6 abricots secs

**1.** Fendez la gousse de vanille en deux et prélevez les grains à l'aide de la pointe d'un couteau. Concassez les chouchous et les abricots secs.

**2.** Épluchez, videz, coupez en morceaux et versez les fruits dans une casserole avec 15 cl d'eau, la badiane, la gousse et les grains de vanille.

**3.** Faites mijoter pendant 30 minutes puis enlevez la gousse et la badiane.

### Pour les 6-12 mois

Mixez finement 3 cuillerées à soupe de fruits (60 g).

### Pour les 12-18 mois

Proposez à bébé 4 cuillerées à soupe de fruits mixés grossièrement ou en morceaux (80 g) en fonction de ses goûts et pour varier.

### Pour les 18 mois à 3 ans

Servez à l'enfant 5 cuillerées à soupe de fruits mixés ou en morceaux (100 g), en fonction de ses goûts et pour varier.

### Pour les adultes

Parsemez les fruits cuits de chouchous concassés et d'abricots secs.

# GÂTEAU AU CHOCOLAT ET CRÈME DE MARRONS

**POUR 8 PERSONNES**
**PRÉPARATION** 15 MIN
**CUISSON** 40 MIN

- ✘ 280 g de chocolat noir
- ✘ 240 g de farine
- ✘ 70 g de sucre de canne
- ✘ 50 cl de lait de coco
- ✘ 7 cl d'huile de pépins de raisin
- ✘ 60 g de noisettes concassées finement (+ 20 g pour la décoration)
- ✘ 100 g de compote de pommes
- ✘ 50 g de crème de marrons (+ 20 g pour le décor)
- ✘ 1 gousse de vanille
- ✘ 1 sachet de levure chimique

**1.** Préchauffez le four à 180 °C (th. 6). Fendez la gousse de vanille en deux. Prélevez les grains à l'aide de la pointe d'un couteau.

**2.** Faites fondre le chocolat au bain-marie.

**3.** Dans un saladier, mélangez le chocolat, la farine, le sucre, le lait de coco, l'huile, les noisettes, la compote de pommes, la crème de châtaigne, les grains de vanille et la levure.

**4.** Versez dans un moule chemisé de papier sulfurisé. Enfournez pour 40 minutes.

**Pour les 12-18 mois**

Proposez une bouchée à bébé à titre de découverte, en ôtant les noisettes ajoutées en décoration pour les adultes.

**Pour les adultes**

Couvrez de la crème de marrons restante et parsemez de noisettes concassées.

**Pour les 18 mois à 3 ans**

Servez une petite part de gâteau sans noisettes concassées.

# FAR BRETON

**POUR 6 PERSONNES**
**PRÉPARATION** 15 MIN
**CUISSON** 45 MIN

- 190 g de farine
- 100 g de sucre
- 1 gousse de vanille
- 3 œufs
- 75 cl de lait
- 150 g de pruneaux dénoyautés

**1.** Préchauffez le four à 180 °C (th. 6). Fendez la gousse de vanille en deux. Prélevez les grains avec la pointe d'un couteau.

**2.** Cassez et fouettez les œufs avec le sucre et les grains de vanille. Incorporez la farine et le lait jusqu'à obtenir un résultat homogène.

**3.** Disposez les pruneaux dans un plat à gratin. Versez la préparation dessus.

**4.** Enfournez pour 45 minutes.

**Pour les 12-18 mois**

Proposez une bouchée à bébé à titre de découverte.

**Pour les adultes**

Servez le gâteau tiède ou froid selon vos goûts.

**Pour les 18 mois à 3 ans**

Servez une petite part de far breton.

# MUFFINS
# AUX MYRTILLES

**POUR 10 MUFFINS**
**PRÉPARATION** 15 MIN
**CUISSON** 25 MIN

- ✘ 200 g de myrtilles
- ✘ 2 œufs
- ✘ 250 g de farine
- ✘ 100 g de sucre de coco
- ✘ 80 g de beurre pommade
- ✘ 10 cl de lait
- ✘ 1 cuil. à café de bicarbonate
- ✘ 1 pincée de sel

**1.** Préchauffez le four à 180 °C (th. 6). Cassez et fouettez les œufs avec le sel, le sucre, le beurre et le bicarbonate.

**2.** Ajoutez la farine, le lait et mélangez jusqu'à obtenir un résultat homogène. Ajoutez délicatement les myrtilles.

**3.** Versez dans des moules à muffins et enfournez pour 25 minutes.

**Pour les adultes**

Dégustez les muffins en dessert, au café ou même au petit déjeuner !

**Pour les 12-18 mois**

Proposez une bouchée à bébé à titre de découverte.

**Pour les 18 mois à 3 ans**

Proposez un muffin à bébé.

# TARTE
# AUX ABRICOTS

**POUR 4 PERSONNES**
**PRÉPARATION** 15 MIN
**CUISSON** 35 MIN

- ✘ 1 pâte brisée
- ✘ 400 g d'abricots
- ✘ 60 g de sucre
- ✘ 15 cl de crème 5 % MG
- ✘ 100 g de poudre d'amandes
- ✘ 1 œuf
- ✘ 2 cl de rhum
- ✘ 20 g de sucre glace

**1.** Préchauffez le four à 180 °C (th. 6). Dénoyautez et coupez les abricots en deux. Cassez et fouettez l'œuf avec le sucre. Mélangez la crème et la poudre d'amande avec l'œuf battu.

**2.** Étalez la pâte à l'aide d'un rouleau à pâtisserie et disposez-la dans un moule à tarte chemisé de papier sulfurisé.

**3.** Répartissez les fruits sur la pâte. Versez la préparation par-dessus et enfournez pour 35 minutes.

**Pour les 12-18 mois**

Proposez une bouchée à bébé à titre de découverte.

**Pour les adultes**

Faites chauffer puis flamber le rhum avec prudence avant de le verser sur les parts destinées aux adultes. Saupoudrez de sucre glace.

**Pour les 18 mois à 3 ans**

Servez une petite part de tarte (100 g).

# TARTE PÊCHE-ROMARIN

**POUR 4 PERSONNES**
**PRÉPARATION** 15 MIN
**CUISSON** 30 MIN

- ✘ 1 pâte brisée
- ✘ 5 pêches (hors saison, prenez des pêches au sirop)
- ✘ 1 branche de romarin
- ✘ 1 citron vert
- ✘ 80 g de miel
- ✘ 40 g d'amandes effilées

**1.** Préchauffez le four à 180 °C (th. 6). Dénoyautez les pêches et coupez-les en quartiers. Effeuillez et hachez le romarin. Râpez et pressez le citron.

**2.** Étalez la pâte à l'aide d'un rouleau à pâtisserie et disposez-la dans un moule à tarte chemisé de papier sulfurisé.

**3.** Répartissez les fruits sur la pâte et parsemez la moitié de la tarte d'amandes effilées.

**4.** Enfournez pour 30 minutes.

**Pour les 12-18 mois**

Proposez une bouchée sans amandes à bébé à titre de découverte.

**Pour les adultes**

Arrosez de miel et de jus de citron. Saupoudrez de romarin et de zestes juste avant de servir.

**Pour les 18 mois à 3 ans**

Servez une petite part de tarte sans amandes (100 g).

# CRÈME BRÛLÉE

**POUR 4 À 6 RAMEQUINS**
**PRÉPARATION** 15 MIN
**CUISSON** 1 H
**RÉFRIGÉRATION** 1 NUIT (FACULTATIF)

- ✘ 25 cl de crème liquide 5 % MG
- ✘ 25 cl de lait demi-écrémé
- ✘ 6 jaunes d'œuf
- ✘ 40 g de sucre en poudre
- ✘ 4 cuil. à soupe de cassonade
- ✘ 1 gousse de vanille

**1.** Préchauffez le four à 100 °C (th. 3-4). Fendez la gousse de vanille en deux et prélevez les grains avec la pointe d'un couteau.

**2.** Fouettez les jaunes d'œufs avec le sucre et les grains de vanille. Ajoutez la crème et le lait.

**3.** Versez dans 4 à 6 ramequins. Placez-les au four au bain-marie.

**4.** Faites cuire 1 heure. Si possible, laissez reposer au frais pendant une nuit.

**Pour les 12-18 mois**

Proposez quelques cuillerées à café de crème à bébé à titre de découverte.

**Pour les adultes**

Saupoudrez les crèmes cuites de sucre cassonade et caramélisez-les à l'aide d'un chalumeau.

**Pour les 18 mois à 3 ans**

Servez ½ crème à bébé sans cassonade.

# **INDEX** DES RECETTES

**Merci à Louise Misha pour ses beaux vêtements et à Laurette Broll pour sa magnifique vaisselle.**

**Merci à Marie, Chloé, Luna et Rocca d'avoir accepté de poser et pour leur patience.**

Directeur éditorial
**Didier Férat**
Édition
**Marjorie Goussu**
Graphisme & conception
**Julia Philipps**
Photogravure
**Graphium**
Fabrication
**Laurence Duboscq**


92 avenue de France, 75013 Paris


ISBN : 978-2-263-16991-5
Code éditeur : L16991
Dépôt légal : août 2020
Imprimé en France par Pollina.- 93541.

FSC
www.fsc.org
MIXTE
Issu de sources responsables
FSC® C003309